感覚と運動の
高次化理論からみた
生涯発達支援

将来を見据えた発達的視点

渡邉正人／石井みや子 [編著]
Masato Watanabe / Miyako Ishii

学苑社

はじめに

　宇佐川浩氏による『感覚と運動の初期発達と療育』(1986)、『感覚と運動の高次化と自我発達』(1989)が出版されたことが1つの契機となり、療育や特別支援教育の分野などで「感覚と運動の高次化理論」の関心や理解が広まり、具体的な支援に活用されるようになりました。しかしながら、氏が論じる「感覚と運動の高次化理論」の根幹とも言える人間理解型発達臨床的視点（発達の構造性、全体性、意味性、可能性）が形骸化され、認知面のみを抽出して指導や教材に使用したり、1つの発達診断やアセスメントして活用したりする場面が散見されるようになってきました。宇佐川氏からは、「理論は固定化されるものではなく、子どもと深いかかわり合いの中から常に柔軟に変えていくことが大切である」と教えていただきました。

　そこで、「感覚と運動の高次化理論」のさらなる理解促進に向けて、編著者を中心に日本特殊教育学会学術大会（2016, 2017, 2018, 2019, 2023）で、「感覚と運動の高次化における臨床的アプローチ」と題して自主シンポジウム行いました。そして「感覚と運動の高次化理論」による臨床的アプローチが、乳幼児期から成人の発達支援に加え、高齢者施設を利用する人たちにおいても有効であると確認することができました。

　近年、子どもや高齢者、障害者の権利や保障について積極的にサービスが進められてきていることから生涯にわたる発達支援の重要性がさらに高まっています。「感覚と運動の高次化理論」は、障害がある子どもを理解していくことにつながる重要な理論ではありますが、成人や高齢者などへの支援においても柔軟に対応できる重要な視点になると考えています。

　そのため、本書は「感覚と運動の高次化理論」による教材・教具の紹介や指導・支援の紹介に留まらず、障害や年齢などにより困難さを抱えている人たちが自分らしく過ごしていくこと、私たちが寄り添い共に生きるという新たな視点に立ち、生涯発達支援について考えていくことにつながるような構成に努めました。宇佐川浩氏が亡くなられて13年が経過したことを機に、宇佐川氏と共に理論の構築と療育や発達支援に携われた先生方、理論草創期に氏から直接学んだ門下生や長期研修生が本書に集い、「感覚と運動の高次化理論」の視点から生涯発達支援について改めて追究しまとめました。

　多様な人たちが今後の共生社会の実現に向けて世代を超えた支援につなげることができればと願っています。

2025年3月　渡邉正人

目 次

はじめに··渡邉正人 1

序章　感覚と運動の高次化理論の概要および生涯発達支援の検討
··渡邉正人 5

第Ⅰ部　幼児期、児童・青年期の発達支援

第1章　幼児期1（健康診査場面、個別支援場面）············星　茂行 20

　1　幼児期における感覚と運動の高次化理論の視点の重要性　20
　2　乳幼児健診の種類　20
　3　健康診査場面・個別支援場面における感覚と運動の高次化の視点とは　21
　4　乳幼児健康診査における感覚と運動の高次化の視点による取り組み例　21
　5　幼児期における感覚と運動の高次化の視点による活動例（個別支援場面）　22
　6　最後に　28

第2章　幼児期2（療育場面）································関口　薫 30

　1　幼児期の発達支援　30
　2　感覚と運動の高次化理論と保護者支援　31
　3　療育における諸課題と感覚と運動の高次化理論　36
　4　感覚と運動の高次化理論と機関連携・移行支援　42
　5　感覚と運動の高次化理論を活かす幼児期の支援　47

第3章　児童期（知的障害）·································高畑和子 49

　1　はじめに　49
　2　発達を見る枠組み　49
　3　実践例を通して　51
　4　おわりに　58

第4章　青年期（知的障害）·· 59

　1　中学部　渡邉久美　59
　2　高等部　佐川千栄　62

第 5 章　児童・青年期（重複障害、重度・重複障害）……………渡邉正人　72

 1　重複障害の概要　72

 2　重度・重複障害の概要　77

 3　重複障害の学び　89

第Ⅱ部　成人期、老年期の発達支援

第 6 章　成人期（就労支援）……………………………………………阿部秀樹　92

 1　障害者雇用における就労支援　92

 2　障害者雇用の就労支援における発達的視点とは　95

 3　障害者雇用の就労支援における発達的視点からのアセスメント　99

 4　障害者雇用の就労支援におけるツール例　102

 5　まとめ　104

第 7 章　成人期……………………………………………………………森田敬蔵　107

 1　序に変えて　107

 2　出会った利用者の紹介　110

 3　残された課題　116

 4　おわりに（中高年齢期における感覚と運動の高次化において何ができるか？）　118

第 8 章　老年期……………………………………………………………堀川聖子　119

 1　はじめに　119

 2　認知症について　119

 3　教材論と教授法を活かした支援　123

 4　教授法と教材論に学ぶこと　127

 5　療育における基本的視点と認知症ケア　128

 6　認知症ケアにおける感覚と運動の高次化理論　129

 7　生涯発達（移行支援）の視点　132

第Ⅲ部　宇佐川浩氏とのかかわり・エピソードからみた発達支援

第9章　宇佐川浩の思想とその分岐点 ………………………… 舩越知行　136
　　1　思想形成の礎となった出会い　136
　　2　人間理解の思想に根ざす実践への問い　140

第10章　教授法を中心とした発達支援 ………………………… 石井みや子　142
　　1　学習に向かう力を高める　142
　　2　課題学習で関係性を高める　142
　　3　教授法からみる子ども理解　143
　　4　生涯発達に活かしたい教授法　145
　　コラム1　146

第11章　教材論を中心とした発達支援 ……………… 渡邉正人・後藤裕幸　147
　　1　教材・教具選定の難しさ　147
　　2　教材・教具の役割　147
　　3　教材論の原則　148
　　4　教材論からみた生涯発達支援　150
　　コラム2　151

第12章　発達支援全般からみた臨床場面の取り組みとエピソード
　　　　　　………………………………………………………… 森田敬蔵　153
　　1　在籍していた頃の研究所のシステム　153
　　2　臨床センスとは　155
　　3　子どもの支援にかかわる側として　156
　　4　自明なことが果たして自明か（1986年12月16日障害児臨床心理学にて）　157

宇佐川浩先生からのメッセージ …………………………………………… 159
おわりに ……………………………………………………………… 石井みや子　160

序章
感覚と運動の高次化理論の概要 および生涯発達支援の検討

1 感覚と運動の高次化理論の概要

(1) 人間理解型による発達臨床的視点

1) 発達臨床的視点の根幹

　宇佐川浩による「感覚と運動の高次化理論」は、『感覚と運動の初期発達と療育』(1986)、『感覚と運動の高次化と自我発達』(1989) が出版されたことが契機となりました。そして療育や特別支援教育の分野などに理解され、具体的な発達支援に取り入れられるようになりました。理論の始まりは、1972年に宇佐川が淑徳大学カウンセリング・センターにおいて障害児臨床スタッフの1人として障害幼児の治療教育活動とその研究をスタートしたことから始まりました。当時の障害児の臨床場面において、従来の枠組みで決められた課題や目標を達成させるための指導法を用いることでは対応できませんでした。そのため、情緒の安定や対人認知の発展を大切にし、数多くの子どもたちと深く向き合いながら臨床的方法論の検討を積み重ねていくことで理論が構築されてきました。宇佐川は日々の臨床実践を通して、子どもの行動を深く理解していくための枠組みとして発達的視点を根幹とするようになりました。宇佐川の発達的視点は、人間理解型発達臨床的視点を指します。人間理解型発達臨床的視点とは、子どもの行動を深く理解していくために、単にできるかできないかという見方を越え、多くの角度から発達的視点で行動の意味やプロセスを捉えようと努力していくことを言います（渡邉, 2024）。そのため、人間理解型発達臨床的視点は、決してチェックリストのみで子どもの支援プログラムを安易に行うことでもなく、ハウツーのように定められた教材・教具を用いて決まった提示方法で子どもとかかわることでもありません。感覚と運動の高次化理論は、子どもの様子を常に見ていきながら教材・教具や提示方法などを検討し、子どもと深くかかわり合いながら行動の意味や変化を理解していこうとすることが大前提となっています。

さらに、感覚と運動の高次化理論は子どもたちの実状や時代のニーズなどを柔軟に捉え、とどまることなく常にアップデートしていく理論でもあります。そのため、現在の感覚と運動の高次化理論を再考していくことの重要性が問われています。

2）発達の構造性

人間理解型発達臨床的視点は、発達の構造性、全体性、意味性、可能性の観点に基づいて、人間理解を深めるための基本的な発達的枠組みとして位置づけられています。

単にできないことをできるようにして、できることを増やしていくという、行動を量的に捉えるのではなく、質的に発達を考えようとする立場です。発達は、直線的で連続的に上昇していく過程ではなく、構造的で螺旋的に上昇していく過程であると言えます（図1）。構造的螺旋的上昇過程として捉える発達には、タテの系とヨコの系にのびる時期があり、それぞれが絡み合いながら質的に転換がなされ、発達段階の構造が変換されるものと考えられます。そのため、発達課題を上へ上へと引き上げていくことが重要であるとは限りません。今いる発達段階の課題をヨコに膨らませていきながら、自己の内的矛盾[*1]（均衡化）を図り、質的転換をもたらしていくことが重要となります。例えば、「ピンセットを使ったスポンジつまみ」の課題の場合、発達段階のどこにつまずいているのか、具体的には、道具を使った操作が難しいのか、もしくは直接指でつまむことができるのかなどを確認し、そのつまずきがあると考えられる段階の内容やその下の段階に戻って教材や指導法を工夫していくことが重要となります。

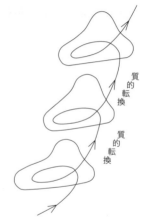

図1　発達論的つりがね型プログラム（宇佐川，1986）

3）発達の全体性

人間理解型発達臨床的視点とは、認知発達、言語発達、運動発達、情緒や人間関係などの視点を単純に羅列して記録していくことではありません。子どもの発達の本質を読み取る視点をもち、子どもの行動がどの項目と内容がどのように絡み合っていることで生じているのかということを発達的視点から読み取っていくことが重要となります。

---

*1　内的矛盾：人や物などのかかわりを認識するための枠組みを修正したり、新しく取り入れたりすること。Piagetでいう均衡化のことになります。

4) 発達の意味性

支援者は、物投げや常同行動、パニック、無表情など、一見理解が難しい子どもの行動を肯定的に捉え、発達的視点から丁寧に意味づけていくことが重要となります。子どもが示す様々な行動には、何らかの意味があります。子どもが示す小さなサインを丁寧に押さえ、プロセスを重視しながら行動のもつ意味を複数の人たちで検討していくことがとても重要です。行動の意味を発達的視点に立って捉えていくことこそが、子ども理解につながる近道になることでしょう。

5) 発達の可能性

重度・重複障害児や知的障害児なども含め、多様な子どもたちが生涯にわたって発達していく可能性を否定することはできないと考えます。療育や特別支援教育などに携わっている方には説明するまでもないでしょう。

このように、人間理解を深めるための基本的な発達的枠組みとなる発達の構造性、全体性、意味性、可能性の観点によって、子ども主体による具体的な療育や学習活動などに取り組むことができるようになると考えます（図2）。

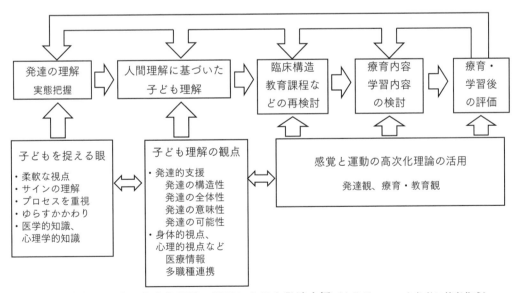

図2　感覚と運動の高次化理論の活用にむけた発達支援（宇佐川, 1998を参考に筆者作成）

（2）支援に向けた発達臨床的視点

　感覚と運動の高次化理論における発達臨床的視点は、発達の構造性、全体性、意味性、可能性の観点を基に、①行動を肯定的に捉えつつ発達的意味を探る、②発達の水準を理解する、③発達の個人内差と全体性を理解する、④外的志向性と自己調節機能の重要性を重視するなどがあります。さらに、宇佐川は実際の臨床に直接かかわる領域として、①認知（知恵）の発達、②関係性（自己像）の発達、③情緒の発達、④姿勢・運動系の発達、⑤コミュニケーション手段の発達などをあげています。そして臨床的枠組みとなる「感覚と運動の高次化発達臨床モデル」（**図3**）によって発達支援を具体的に展開していきます。詳細については、宇佐川（2007a）、宇佐川（2007b）をお読みください。

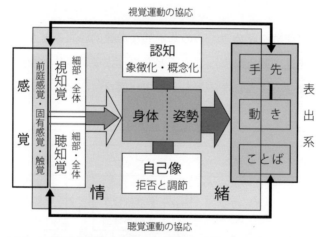

図3　感覚と運動の高次化発達臨床モデル（宇佐川, 2007a）

（3）発達臨床モデルと発達水準

　感覚と運動の高次化理論における発達臨床モデルでは、発達の中核に身体・姿勢を位置づけ、発達初期の身体意識と姿勢づくりが重要であると考えます。身体・姿勢を支える感覚として前庭感覚・固有感覚・触覚の受容があります。その上で視知覚・聴知覚、さらには細部知覚と全体知覚が発達していきます。認知的には象徴化・概念化といった表象機能が育ち、拒否と調節を通して自己像が育つことによって情緒も育っていきます。また、目と運動や耳と運動の協調を通して、表出系としての手や身体の動きの調整、そしてことばが育まれていくことになります。

序章　感覚と運動の高次化理論の概要および生涯発達支援の検討

　感覚と運動の高次化理論による発達ステージの枠組みは、1972年から宇佐川をはじめ障害児臨床スタッフの方々が数多くの障害幼児一人ひとりの療育事例から詳細に検討、追究し、蓄積してきた資料を基にまとめたものです。単なる発達水準にとどまらず子どもを全体的に理解していく中で作られていることを改めて確認してほしいと切に願っています。

　感覚と運動の高次化理論による発達ステージの枠組みについて、簡単に説明していきます。感覚と運動の高次化理論からみた発達水準は、4層8水準で構成されています（表1）。第Ⅰ層（初期感覚の世界）は、3水準（感覚入力水準、感覚運動水準、知覚運動水準）が設定されています。第Ⅱ層（知覚の世界）は2水準（パターン知覚水準、対応知覚水準）、第Ⅲ層（象徴化の世界）は1水準（象徴化水準）、第Ⅳ層（概念化の世界）は2水準（概念化1水準、概念化2水準）となっています。各層の概略について紹介していきますが、詳細については、宇佐川（2007a）、宇佐川（2007b）をお読みください。

表1　感覚と運動の高次化理論からみた発達水準（宇佐川, 2007a）

発達の層	水準	名称
第Ⅰ層 （初期感覚の世界）	Ⅰ水準	感覚入力水準
	Ⅱ水準	感覚運動水準
	Ⅲ水準	知覚運動水準
第Ⅱ層 （知覚の世界）	Ⅳ水準	パターン知覚水準
	Ⅴ水準	対応知覚水準
第Ⅲ層 （象徴化の世界）	Ⅵ水準	象徴化水準
第Ⅳ層 （概念化の世界）	Ⅶ水準	概念化1水準
	Ⅷ水準	概念化2水準

　第Ⅰ層（初期感覚の世界）は、3水準（感覚入力水準、感覚運動水準、知覚運動水準）があり、発達初期の段階となります。運動面でも、人や物に係わる面でも、外界に向かう力は初期的な段階です。視知覚や聴知覚の感覚が十分に育っていないため、前庭感覚[*2]・固有感覚[*3]の刺激や触感覚などの発達初期に受容しやすい感覚器官が多く使われます。また感覚と運動がつながりにくいため、目や耳を使っている時には運動を出しにくく、運動を行えば目や耳が使いにくくなってしまいます。そのため、人や物に係わ

ることが難しいように見えてしまいます。

　感覚受容の順序性（優位性）は、「前庭感覚・固有感覚＞触感覚＞聴覚≧視覚」から次第に「前庭感覚・固有感覚＞触感覚≦聴覚・視覚」へと進んでいきます。

　第Ⅱ層（知覚の世界）は、2水準（パターン知覚水準、対応知覚水準）があります。目や耳で情報を受け取りやすくなり、目や耳をつなげて運動を行うようになります。視覚や聴覚を使っての協応動作が育ち、みわけたりみくらべたりする力（視知覚）やききとる力（聴知覚）が発達していきます。そのため、人や物とのかかわりが能動的に行われるようになってきます。視覚運動や聴覚運動を通しての協応動作、視知覚や聴知覚が育つことで次の第Ⅲ層につながっていくことになります。

　第Ⅲ層（象徴化の世界）は、1水準（象徴化水準）があります。目や耳を意図的に使うようになり、弁別する力も運動を調節していく力もより確実になり、使い方が広がってきます。また目や耳で受け取った情報を記憶し、イメージをもって取り組む（象徴機能）ようになってきます。そのため、人や物とのかかわりが急激に広がるようになってきます。模倣動作や見立て遊びなど、遊びが拡大していく一方で、発語においても飛躍的に拡大していきます。

　第Ⅳ層（概念化の世界）は、2水準（概念化1水準、概念化2水準）があります。第Ⅳ層になると象徴機能がより高次化してくることで、自分でイメージしていることを概念化して、人や物とかかわる手段として用いるようになります。さらに、上位属性分類（動物、乗り物、果物など）、視知覚による概念（形、大きさ、色など）、記号操作の概念（数字や文字など）、言語的な概念など、様々な概念が形成されていくようになります。様々な概念形成は、繰り返し行われるパターンや方略（ストラテジー）によって成立しているものではなく、柔軟に対応できる日常生活で用いられる概念となります。

(4) 教材論の原則と多様な教授法

　療育や学習活動を行う際には、様々な教材・教具を用いることが多いと思います。感覚と運動の高次化理論は、療育教材・教具の開発研究を通して確立してきました。人間理解型発達臨床的視点に立ち、子どもとのかかわりの中から教材・教具が生まれ、教材・教具を使ったやりとりを通して随時精選され、バージョンアップしてきました。そ

---

*2　前庭感覚：耳の中にある前庭という器官で感じる傾きや重力、回転などの感覚。トランポリンや回旋するシーソーなどで揺れや回転、傾きなどを感じる感覚です。

*3　固有感覚：筋肉や関節で身体の動きや位置、力の入れ具合などを感じる感覚。おもちゃの振動を肘で感じたり、ギターの弦やボタンスイッチを触る時に運動をコントロールしたりする感覚です。バランスをとる時や情緒を安定させる時にも使われます。

のため、決して固定化された教材・教具を使って子どもと療育や学習を進めていくことではないと考えます。教材論の原則は、常に発達的視点をもって子どもから学ぶことから始まります。宇佐川（1998）は、教材論の原則として、①教具の応答性、②教具の構造化、③教具の質的・量的ステップ、④ステップ可変教具の提唱をあげています。詳細については、第11章（教材論を中心とした発達支援）を中心にお読みください。

また、「教授法」（教え方）においても、教材論と同様に多様なステップが必要となります。代表的な教え方のステップとして同じ型はめ教具を使った方法があります。具体的な教授法のステップとして、宇佐川（2007a）は、①パターン弁別、②対応弁別、③指さし対応弁別、④対応弁別ポインティング、⑤指さし-指さし対応弁別を紹介しています（**図4**）。これらの弁別活動におけるステップは、感覚と運動の高次化理論の発達臨床的視点の観点（発達の構造性、全体性、意味性、可能性）から考案され、第Ⅱ層（知覚の世界）の質的ステップ、第Ⅲ層（象徴化の世界）では言語による質的ステップ、第Ⅳ層（概念化の世界）では言語による質的ステップなど、子どもの発達段階に応じて多様に変化することが可能となります。

このように、教材論と教授法は密接に関連し、子どもの発達のつまずきを理解するようにつとめることが重要となります（**図5**）。

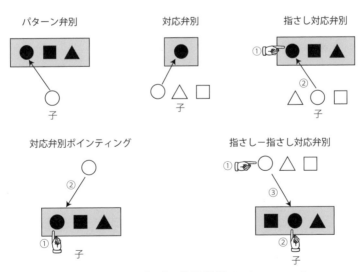

図4　合わせる弁別の学習過程（宇佐川, 2007a）

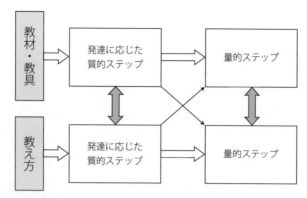

図5 発達臨床におけるステップの考え方（宇佐川，2007b）

さらに感覚と運動の高次化理論では、教材・教具を活用しながら発達のつまずきを捉えるための特徴的な臨床法として「ゆらし」という表現があります（**図6**）。「ゆらし」とは、発達臨床的視点で系統性のある教材・教具を使いながら、教える方法も発達的に考えていくことです。具体的には、教材・教具と教え方のステップをそれぞれ変えていく経過（プロセス）を通して、子どもの様子を客観的に見ていくことになります。「ゆらし」のアプローチができる条件として、宇佐川（2007a）は、①発達に合わせた教具の系統的な使い方を熟知し、さらに発展工夫できる資質をもつこと、②教え方（教授法）の発達的ステップにも習熟しており、臨機応援に教え方をコントロールできること、をあげています。

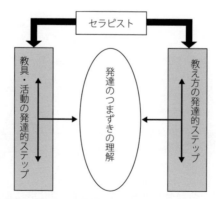

図6 教具と教え方による「ゆらし」のアプローチ（宇佐川，2007a）

序章　感覚と運動の高次化理論の概要および生涯発達支援の検討

(6) 発達診断評価法

　感覚と運動の高次化理論における発達診断評価法は、1997年の第一試案版が開発され、2007年の間に8回も改定が行われました。発達診断は、準備されているチェックリストを用いて、感覚と運動の高次化発達診断チャート（阿部秀樹作成）と感覚と運動の高次化発達診断レーダーチャートによって表現されます。発達評価は、宇佐川をはじめ阿部ら臨床スタッフにより全ての事例に対して適応し、データ処理を行い、改評価法の信頼性と妥当性を高めてきた経緯があります。また、宇佐川（2007a）は、「発達評価は障害児療育の発達プロセスを縦断的に追い、そのつまずきを捉えることを目的としている。したがって健常児の発達過程を完全な指標としているわけではない。また指導と直結する対応型評価法でもない」と述べています。

　ここで真剣に考えなければいけないことは、チェックリストは単なる支援プログラムを安易に行うことでもなく、チェックリストで不通過した内容を指導するというような単純なものではないということです。人間理解型発達臨床的視点に立ち、療育や学習活動を通して子どもが発達していくプロセスを縦断的にみていくものであります。しかも2007年まで8回も改定が行われた発達診断から2025年の現在に至るまで、どのような改定が行われたのでしょうか。ICT機器の活用が普通となり、時代のニーズも刻々と変化している時代を受け、現在の子どもたちも多様に変化してきています。一般的に用いられている発達検査や知能検査は当たり前ですが、その都度改定が行われています。そのように考えると20年近く経過した感覚と運動の高次化理論における発達診断評価法が改定されない限り、信頼性と妥当性は低いままにあり、使用する意味まで問われていると強く考えます。療育や教育現場などで発達診断評価法を活用している場合には、信頼性と妥当性について深く見直すことを強くお勧めします。

2　感覚と運動の高次化理論からみた生涯発達支援

(1) 障害児・者における生涯発達支援

　生涯発達とは、胎児期・新生児期、幼児期、児童期、青年期、成人期、老年期高齢期といった区分がなされますが、その時期に特徴的な発達課題に対して質的転換がなされ、様々な能力や知識などを獲得し、次の段階に移行していくことを言います。発達は生涯にわたり成長発達し続けることに注目しがちですが、成人期以降になると獲得より

喪失することが徐々に増えていきます。喪失も発達として捉え、障害をはじめ適応の困難さ、災害などへの支援、さらに老いて衰えていく人たちへの発達支援が必要になってきます。そのため生涯発達支援は、生涯を見据え様々な発達課題をライフステージに応じて柔軟に支援していくことが重要であると筆者は考えます。

　一方で、2008年に発効された「障害者の権利に関する条約」には、共生社会の実現や平等・無差別と合理的配慮に加え、教育においても生涯学習の保障が明記されました。さらに障害者への就労支援や高齢化への対応が問われるようになり、生涯発達支援が注目さています。乳幼児、児童期・青年期、成人期、老年期といった各ライフステージにおける障害児・者への包括的な支援と各期をつなげる移行支援の重要性について感覚と運動の高次化理論の視点から考えていきたいと思います。

(2) 人間理解型発達臨床的視点の重要性

　子どもたちの療育や教育などの発達支援を考える際、現在の発達像を理解するだけでなく、今後の発達像を見据えて考えていくという生涯発達支援という視点が必要となってきます。宇佐川（2001）は、生涯発達支援においてまずは基礎的発達を捉えること、自立からみた発達支援を整理することを述べています（**図7**）。基礎的な発達課題では、年齢が低い子どもや第Ⅰ層や第Ⅱ層という発達の初期段階にある子どもの方が重視され、自立からみた発達支援では年齢が高い子どもや発達が高次化されている子どもが重視されることになります。また、発達を支える基礎的な発達から自立に向けた発達過程を見通すこと、その発達過程をどのように予測することができるのかについて考えることこそが発達的視点において重要となってきます。

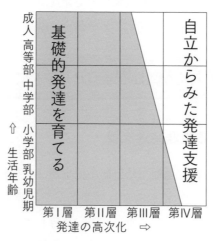

図7　基礎的発達と自立からみた支援（宇佐川, 2001）

序章　感覚と運動の高次化理論の概要および生涯発達支援の検討

　そこで、編著者（渡邉・石井）が中心となって、日本特殊教育学会学術大会（2016, 2017, 2018, 2019, 2023）で自主シンポジウムを行い、「感覚と運動の高次化における臨床的アプローチ」と題して生涯発達支援について追究してきました。渡邉は「基礎的発達と自立からみた支援」について生涯発達支援の視点を作成しました（図8）。

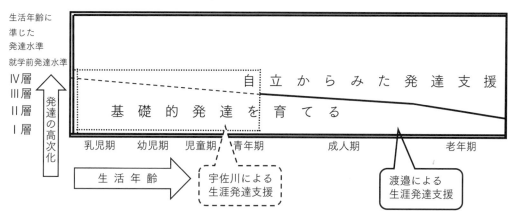

図8　生涯発達支援における基礎的発達と自立からみた支援（筆者作成）

　生涯発達支援では、人間理解型発達臨床的視点に立ち、ライフステージに応じたQOL支援やキャリア支援、ADL支援が必要であると考えます。本人などのニーズや課題などに応じて発達支援を適宜進めていくことで、豊かな生活を送ることができるのではないかと考えました（図9）。

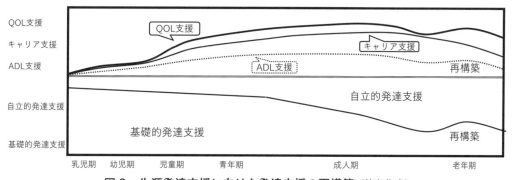

図9　生涯発達支援に向けた発達支援の再構築（筆者作成）

（3）特別支援教育における生涯発達支援（知的障害児童・生徒の例）

　特別支援教育では、障害がある幼児児童生徒に個別の教育支援計画や個別の指導計画

を1人ずつ作成しています。また、入学や卒業に向けて移行支援計画が活用されています。学習指導要領では、様々な支援ツールを活用し、主体的で深い学び、カリキュラム・マネジメントを軸として、多様な学びの場で子どもたちの学びを進化させていくことをポイントとしてあげています。

　しかしながら、現実的には就学前、就学、卒業までの学びの連続性を保障していくことは非常に難しい状況にあります。そこで、筆者は生涯発達を踏まえた個別の指導計画を作成しました（図10）。

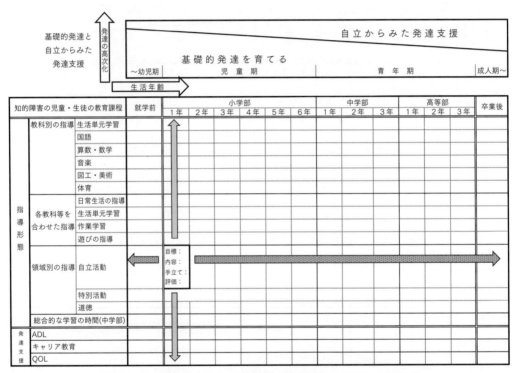

図10　生涯発達を踏まえた個別の指導計画（試案）（筆者作成）

　知的障害特別支援学校では、小学部、中学部、高等部などを設置していますが、在籍児童生徒数の増加と学部の専門性などによって高等部進学の際、学校が変わることもあります。また、小学校や中学校から特別支援学校に進学する場合もあります。特別支援学校で学ぶ学習内容は多岐にわたり、複数の教員による専門的な指導、学部間連携、キャリア教育など、課題は山積したままです。人間理解型発達臨床的視点による感覚と運動の高次化理論を教育活動に安易に取り入れることなく、理論の本質を十分理解した上で支援に活かしてほしいと強く願っています。

（4）各期の特徴

　第1章からは、感覚と運動の高次化理論の視点から生涯発達の各ライフステージに応じた具体的な支援や移行支援ツールなどについて、宇佐川の元で直接学んだ筆者が述べていきます。

文献

星茂行・渡邉正人・関口薫・堀川聖子・舩越知行・石井みや子（2016）感覚と運動の高次化による臨床的アプローチそのⅠ―感覚と運動の高次化理論の原点から考える―．日本特殊教育学会第54回大会（新潟大会），自主シンポジウム73．

菅野敦（2019）知的障害児・者の生涯発達と支援領域．発達障害支援システム学研究，18(1)，1-9．

菅野敦（2021）知的発達障害者の支援を考える―生涯発達支援と地域生活支援の視点から―．発達障害研究，43(1)，14-25．

白井利明編著（2020）生涯発達の理論と支援．金子書房．

宇佐川浩・山本禄瑞（1974）精神薄弱幼児指導における臨床心理学的アプローチ（そのⅠ）：U・Q・S法への試論．淑徳大学研究紀要，8，121-148．

宇佐川浩（1986）感覚と運動の初期発達と療育―手先の発達指導を中心に―．全国心身障害児福祉財団．

宇佐川浩（1989）感覚と運動の高次化と自我発達―障害児臨床における子供の理解―．全国心身障害児福祉財団．

宇佐川浩（1990）障害児臨床における基本的問題―18年間の臨床実践をふりかえって―．上智大学心理学年報14 霜山徳爾教授古希退職記念号，77-86．

宇佐川浩（1998）障害児の発達臨床とその課題―感覚と運動の高次化の視点から―．学苑社．

宇佐川浩（2001）障害児の発達支援と発達臨床―発達臨床心理学からみた子ども理解―．全国心身障害児福祉財団．

宇佐川浩（2007a）障害児の発達臨床Ⅰ 感覚と運動の高次化からみた子ども理解．学苑社．

宇佐川浩（2007b）障害児の発達臨床Ⅱ 感覚と運動の高次化による発達臨床の実際．学苑社．

渡邉正人・星茂行・星久仁子・堀川聖子・舩越知行・石井みや子（2017）感覚と運動の高次化による臨床的アプローチそのⅡ―感覚と運動の高次化理論における教材論を考える―．日本特殊教育学会第55回大会（名古屋大会），自主シンポジウム，7-9．

渡邉正人・井上京・星茂行・堀川聖子・石井みや子（2018）感覚と運動の高次化による臨床的アプローチそのⅢ―感覚と運動の高次化理論における教授法を活かした支援を考える―．日本特殊教育学会第56回大会（大阪大会），自主シンポジウム，5-09．

渡邉正人・石井みや子・星茂行・堀川聖子・岡本仁美（2019）感覚と運動の高次化による臨床的アプローチそのⅣ―感覚と運動の高次化理論における方法論（教材論と教授法）を活かした支援―．日本特殊教育学会第57回大会（広島大会），自主シンポジウム，1-12．

渡邉正人・関口薫・堀川聖子・石井みや子（2023）感覚と運動の高次化による臨床的アプローチそのⅤ―感覚と運動の高次化理論における生涯発達支援―．日本特殊教育学会第61回大会（横浜大会），自主シンポジウム，Ⅰ-24．

渡邉正人（2024）重度・重複障害児の初期学習理論．樋口和彦編著 重度・重複障害児の学習とは？ Vol.2．ジアース教育新社，59-83．

渡邉正人

第 I 部

幼児期、児童・青年期の発達支援

第Ⅰ部　幼児期、児童・青年期の発達支援

第1章
幼児期1
（健康診査場面、個別支援場面）

1　幼児期における感覚と運動の高次化理論の視点の重要性

　幼児期を考える場合、乳児期の発達段階についても十分に留意しておくことが肝要です。現状の発達状況を観察することは、必要条件ですが、どの時期から、どのような感覚の使われ方をしていて、運動を表出しているのか、どんな発達段階であるのか時間的経過を知っておくことが重要です。

　乳児期の感覚の使われ方は、豊かなバリエーションをもって現れます。

　前庭・固有・触覚という自己受容感覚が高まってきます。同時に聴覚・視覚を働かせ、自分の体の使い方を含めたイメージ（身体自己像）が、外界に働きかけ、目的を達成していきます（志向性）。子どもは、壮大な試みを日々繰り返し、より外界へ意図的にかかわる幼児期に突入していきます。

2　乳幼児健診の種類

　乳幼児健診は、母子保健法に位置づけられ、乳幼児健康診査といわれています。「母性並びに乳児及び幼児の健康の保持及び増進を図るため、母子保健に関する原理を明らかにするとともに、母性並びに乳児及び幼児に対する保健指導、健康診査、医療その他の措置を講じ、もつて国民保健の向上に寄与すること」を目的としています。なお、健康診査は、「厚生労働省令の定めるところにより、健康診査を行わなければならない」となっています。

　母子保健法第12条には、「一　満一歳六か月を超え満二歳に達しない幼児」の1歳6か月児健康診査と、「二　満三歳を超え満四歳に達しない幼児」の3歳児健康診査を行わなければならないと記されています。各市区町村によって、1か月児健康査、5か月児健康診査、2歳児歯科健康診査、5歳児健康診査などを追加実施することができます。

2歳児歯科健康診査時に心理相談があります。その時は、1歳6か月児健康診査から半年から1年間という時間が経過しています。定型発達のお子さんを基準とする評価「ことばでやりとりを始める時期」とみなされます。保護者から、こんな質問がありました。

「現在1歳児です、度々友達や保育者を噛んでしまいます。対応に悩んでいます。年齢が上の子でも遊び中に噛んでしまうこともあるようです。家庭でも私を噛んでしまい困っています。その都度、してはいけないことや相手の気持ちを伝えたり、噛みそうになる前に止めたりと対応をしていますがなかなか止まりません。最近は自分の腕を噛むこともあります。本人へのかかわり方、保育者への伝え方について教えていただけたらと思います」。この質問にどう答えたらよいでしょうか？

3　健康診査場面・個別支援場面における感覚と運動の高次化の視点とは

「出産後から就学前までの切れ目のない健康診査の実施体制を整備すること」を目的として、国と市町村からの補助があります。2024年度から、「1か月児」および「5歳児」健康診査支援事業に助成制度が始まりました。

1か月児健康診査の内容は、原則的に個別健診で、身体発育状況、栄養状況、身体の異常の早期発見、こどもの健康状態や育児の相談などとなっています。5歳児健康診査は、原則集団健診となります。心身の異常の早期発見、育児上問題となる事項など、必要に応じて事後相談を行うとしています。

留意事項としては、「発達障害等（発達障害等の疑いを含む。）と判定された幼児について、就学前までに適切に療育につなげることができるよう、都道府県とも協力しながら、必要な支援体制の整備を行うこと」となっています。

「心身の異常」「育児上問題となる事項」と従来型の治療教育的な文言が示されていますが、感覚と運動の視点で見直してみたらどうなるのでしょうか？

4　乳幼児健康診査における感覚と運動の高次化の視点による取り組み例

乳幼児健康診査では、どの保健所・保健センターにもあると思われる教材を用いて健診に臨んでいます。例えば、立方体積み木（図1-1）や、カップ重ね（図1-2）は、

第Ⅰ部　幼児期、児童・青年期の発達支援

教授の仕方で、どの発達段階で感覚や運動を使っているのかわかるからです。

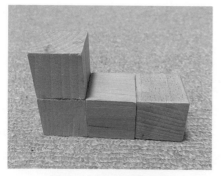

図1-1　立方体積み木

図1-2　カップ重ね

5　幼児期における感覚と運動の高次化の視点による活動例（個別支援場面）

（1）初期的段階：感覚入力、感覚運動水準

　初期的な段階として感覚入力、感覚運動水準があります。主に感覚と運動がバラバラの段階、感覚が先行し感覚が後追いの段階となります。自己受容感覚を多く使用し瞬間的・衝動的に外界へ働きかける水準となります。

　筆者は、手作り教材を中心に取り組んでいます。なぜ手作り教材なのでしょうか？それは、一人ひとりの子どもに合った教材を提供でき、どこでつまずいているのかがわかり、子どもの行動の意味を理解しやすいからです。子ども一人ひとりに合わせた教材を「作り続けなくてはならない」というジレンマも生じます。市販教材を加工することが大事です。市販教材をうまく活用することで、少ない手間でステップ可変型教材にしていくことができます（**図1-3〜図1-6**）。

第 1 章　幼児期 1（健康診査場面、個別支援場面）

図 1-3　アクリルビーズ版叩き

図 1-4　アクリルビーズ版

図 1-5　アクリル樹脂製起き上がりシロホン

図 1-6　タッパー製鈴つまみ

（2）知覚運動水準、知覚水準

　感覚が運動を制御し始める時期です。運動的な手掛かりや因果関係の終点がはっきりする教材を多用します。型はめ教材、左右、前後、上下という方向性の課題も重要となります。自己像を形成するのに役立つからです。ステップ可変型教材が有効となります（図 1-7～図 1-14）。

第Ⅰ部　幼児期、児童・青年期の発達支援

図1-7　ステップ可変型木製○△□はめ板

図1-8　アクリル製バランスシーソー

図1-9　アクリル製　玉入れシロフォン

図1-10　アクリル製ビー玉入れ

図1-11　ステップ可変型アクリル製
　　　　玉入れシロフォン

図1-12　ステップ可変型木製指なぞり

図1-13　ステップ可変型
　　　　スライディングブロック

図1-14　ステップ可変型
　　　　カラー塩ビパイプ

（2023年　筆者・淑徳大学寄贈）

教材作成時の留意点として、以下の点を意識するとよいでしょう。素材を何にするのか？ 働きかけやすい素材は何が良いのか吟味します（アクリル、木、布、ビー玉などは、触覚・固有覚を多く使用します）。

・同色、枠やペグの規格化、絵の規格化、2つ作ると見本合わせの課題になります（色や形などを統一し規格化する工夫）。
・マグネット式、マジックテープ式は、操作性が少なく運動的な手掛かりがあるため運動の始点・終点が理解しやすいです。
・視覚的応答性、聴覚的応答性などのフィードバックがあると、子ども自身が外界に働きかけた結果を理解しやすいです（自発性を促す）。

(3) 実際の個別場面・健診場面とそのフォローについて
（象徴化、概念化水準）

健康診査場面や個別指導場面では机と椅子の配置も大切です。できるだけ外部からの刺激を少なくし、目の前の教材や、やりとりに集中できるようにしています。3歳児健康診査や5歳児健康診査では、個別健診終了後のフォローアップとして、月に1回程度の心理士による個別指導があります。個別指導時に教材がそろっている場合もありますが、ない場合は教材を持ち込み使用しています。用意してある教材で対応するしかないこともあります。感覚と運動の高次化の視点が活かされます。ピクチャーパズルなど市販のものは、完成品のカラーコピーを用意し見本を作ります。バラバラにした下絵の形を黒ペンでなぞるなど細かなステップを組み立てることができます。ピースを渡す時も色ごとに渡す、端から入れるように渡す、形を見るように手渡しで渡すなど、教授法で何段階ものステップを工夫し準備することが可能です（**図 1-15〜図 1-17**）。

第Ⅰ部　幼児期、児童・青年期の発達支援

図1-15　ついたて使用例①

図1-16　ついたて使用例②

図1-17　椅子テーブル使用例

　パズル全体を見まわして、「外側から、はめるといいんだよ」と自分でやり方を見つける子どもがいます。全体視知覚を発揮し、行動の方略を見つけています。また、「1個ずつはめたい」と、手渡したピースの細部を見比べて、細部視知覚を発揮し、方略を見つける子どももいます（**図1-18、図1-19**）。

図1-18　全体視知覚

図1-19　細部視知覚

　象徴化水準の子どもの捉え方は様々です。色や形に好みもあります。指示したところに色を置けない子どももいます。鉄の小皿にカラーシートを張って、色別に作成したカラービス（ねじにカラーパイプを入れる作業）を置く時は強力なネオジム磁石をつけることで、終点理解を高めたものにすることができます（**図1-20**）。一段と集中力が増してきます。筆者は、手先の活動を重視し多く取り組んでいます。玉通しも大きな紐を使用します（**図1-21**）。ペグ差しも、点描の模様を作るなどアレンジを加えます（**図1-22**）。

第 1 章　幼児期 1（健康診査場面、個別支援場面）

図 1-20　マグネット式色ねじ弁別　　図 1-21　カラー玉紐通し　　図 1-22　カラーペグ差し

絵本の選択や、おままごとセットの選択、折り紙、のりはさみ、クレヨンの使い方などは、子どもの興味やセラピストとの関係がよくわかる課題です（**図 1-23〜図 1-26**）。特に 5 歳児健康診査の後、就学前の 1 年間で個別指導をするお子さんには、必ず取り組むようにしています（茨城県母子保健センター協力）。

図 1-23　絵本読み　　　　　　　　　　　図 1-24　ままごとセット

図 1-25　制作（折り紙）　　　　　　　　図 1-26　制作（糊つけ、お絵かき）

6 最後に

　冒頭の保護者からの相談内容である「度々友達や保育者を噛んでしまいます」について、あなたはどうお答えするでしょうか？　感覚の使い方をまず確認していく作業となります。「友達や保育者を噛んでしまう時は、どんな時でしょうか？」と、状況確認し、保護者のやりとりの中で、感覚の使われ方、情報処理の過程、表出の特徴などを整理し、行動仮説を立てていきます。例えば、「半年ぐらい前から口に手を入れ始めました。テーブルや椅子の端も噛んだり、おもちゃを口に入れたりしていました。3か月前から歩き始め、なんでも口に入れるようになりました。止めようとすると、よく泣いていました。保育所の先生は、自分のことが伝えられない時には、噛んで人に訴えることが多いみたいです」と、聞き取った場合、この情報と実際のお子さんの様子から、感覚の使われ方を整理し、仮説を立てていきます。感覚入力は触受容が多くみられます。反面、視覚・聴覚はあまり使われていない可能性があります。情報処理は、口への触受容とともに、噛んだ時の固有覚の情報（噛み心地）で、硬いもの柔らかいものを理解している可能性があります。運動表出は、噛んで外界の物や人を操作する（人に要求を伝える）ことがあります。感覚的には初期の段階と思われますが、他の感覚が使われにくい場合、噛むという行動が理にかなっていることがわかります。以下のアドバイスはどうでしょう。

A：子どもへの伝え方　人を噛むときは原則無視をします（噛めば人が反応するので、誤学習につながりやすいからです）。噛まない時の活動こそ大事にします（叩いて知らせる、手を合わせるなどのタッチ、身振り手振り、絵や写真・実物で示すなどの学習をしていきます）。
A：保護者への伝え方　発語やことばが出てくれば、相対的に噛むことが減ってくる場合もあります。感覚の過敏性がある場合、噛む時の固有感覚を確認していることもあります。くすぐり遊びや揺らし遊びから人を意識すると人を意識しやすくなります（過敏性がない部分から人との関係を拡げてあげます）。噛んで伝える時期が定型発達の子どもにもみられます（一時的にみられる場合があります）。
　さて、答え合わせは、子どもとの実践から確認しましょう。

第 1 章　幼児期 1（健康診査場面、個別支援場面）

文献

星茂行（1992）生活実習所における重度障害者に対する実践—感覚と運動の高次化の視点から—．淑徳大学発達臨床研究センター発達臨床研究, 10, 49-55.

星茂行（1997）感覚が育てる自己の世界・感覚から学ぶ周りの世界—感覚統合の理論と実践に学ぶ—特集 5 現場での実践 Q&A 日本アビリティーズ協会．養護学校の教育と展望, 105, 29-34.

星茂行（2003）幼児通園施設におけるアセスメントに基づく発達支援．淑徳大学発達臨床研究センター発達臨床研究, 21, 55-66.

星茂行（2011）葛飾区発　就学移行支援における早期介入と地域支援．早期介入と地域支援　舩越知行編著　学苑社, 178-196.

宇佐川浩（1986）感覚と運動の初期発達と療育．全国心身障害児福祉財団, 115, 204-205.

宇佐川浩（1989）感覚と運動の高次化と自我発達—障害児臨床における子どもの理解—．全国心身障害児福祉財団．

星　茂行

第Ⅰ部　幼児期、児童・青年期の発達支援

第2章
幼児期2
（療育場面）

1　幼児期の発達支援

　一般に「幼児期」とは、1歳前後から歩行が自由になり、ことばを獲得した時期から、小学校入学までの時期にあたります。幼児期について、岡本（2005）は子どもが「世界」を「人間」を、そして「自分自身」をどうつかみ、それらをどういうものとして意味づけるか、それは子どもがその後の自分の生き方の基礎をどうつかむかという問題そのもので、大人になってからも自己のうちに内在し続けるものであると述べています。子どもが自分の生き方の基礎をつかみ、生涯にわたって内在し続ける力はどのように形成されるのか。このことを宇佐川（1989）は、感覚と運動の高次化理論において、ヒトが外界にかかわる時に、どのように感覚を使い運動を組み立てていくかという発達過程に着目し、外界をしっかり捉え、自己に気づき自己を調整しつつ、外界に積極的にはたらきかける過程として捉えました。

　しかし、子ども1人でこの力を獲得することは難しく、保護者をはじめ周囲の大人たちが、育児、保育、教育、療育という営みの中で、はたらきかけることが不可欠です。また、子どもの発達の様相は個人差が大きく、それを見守り育てる大人は「子どもの発達をどう捉えかかわればよいのか」ということを、常に自問自答するのではないでしょうか。とりわけ、障害のある子どもや「発達が気になる子ども」を支える大人は、子どもの育ちやかかわり方について迷うことも多くあるでしょう。子どもの発達を支えるためには、子どもを中心に捉えて家族・保護者を含めて地域社会全体で支えていくことが不可欠です。こども家庭庁の児童発達支援ガイドライン（2024）では、児童発達支援の内容を「本人支援」、「家族支援」、「地域支援・地域連携」および「移行支援」と示しています。宇佐川（1989）は、感覚と運動の高次化理論において、子どもの発達を支える大人のありかた、環境についても、発達的な視点から整理しています。

　本章では、筆者がこれまで携わった幼児期の療育、巡回相談、就学相談を念頭に、感覚と運動の高次化理論の視点から、「家族支援」とりわけその中心となる保護者支援、

「本人支援」として、療育機関での子どもへの支援、「地域支援・地域連携」および「移行支援」として関係機関との連携と就学相談について考察していきます。

2　感覚と運動の高次化理論と保護者支援

　幼児期に子どもが療育などの何らかの発達支援機関につながるきっかけは、その多くが子ども自身による訴えからではなく保護者によるものです。しかし、保護者が育児の中で子どもの発達に疑問や育てにくさを感じ、周囲に相談することがあったとしても、直ちに発達相談や療育機関などにつながるとは限りません。

　筆者がこれまでかかわった保護者の多くは、子どもの発達に心配を抱えていたとしても、自問自答を繰り返しながら過ごした時間も短くはありませんでした。健診などや、子どもの通う幼稚園や保育園などから、何らかの指摘を受けたことを契機に、支援につながることが多いようです。また、医療機関で何らかの診断などは受けていたとしても、幼児期の段階で多くの保護者は明確に子どもの障害について理解し、納得して受け入れることは難しいようです。保護者の障害受容の過程については、中田（2002）の螺旋型説など、いくつかの代表的な説はあります。いずれにせよ、幼児期に支援の現場で出会う保護者の心情は、その表面的な様相から計り知れない、大きな迷いや不安、葛藤に揺れる時期でといえるでしょう。だからこそ、幼児期の支援の柱として、保護者支援は欠くことができません。ここでは、いくつかの事例をもとに、感覚と運動の高次化理論における、発達を捉えるための4つの視点をふまえた保護者支援の有効性について考察していきます。

（1）　発達の全体性

　発達相談や療育機関などを訪れる保護者の主訴には、ことばの遅れ、集団生活の不適応、身辺自立の遅れなど、具体的な主訴が多く聞かれます。これら保護者の主訴は、保護者の喫緊で切実な願いであることは確かです。しかし、宇佐川（1989）は、その課題が子どもの発達課題であるかは、慎重に検討されなければならないと述べています。ともすれば、それは、子どもの発達の遅れを取り戻し、定型発達に追いつけるのか、困った行動を改善できるか、という大人を主体とする考えになりがちだからです。保護者の訴えを聞く際には、子どもが抱えている課題の背景を発達的な視点で捉え、今取り組むべき課題について保護者と考えることが必要です。

> **事例1**
>
> 　2歳児Aちゃんの保護者は「ことばの遅れ」を主訴に療育機関に相談に来ました。身辺自立は年齢相応で模倣遊びは楽しみますが、偏食があり運動遊びは慎重です。要求は身振りや指さし、単語の一部で伝え、身近な物の名称を理解はしていますが、動作語などの理解は不確実です。
> 　ことばの遅れの背景には、人に対して「合わせる」「応じる」力は芽生えつつあるものの、「見たこと」と「聞いたこと」をしっかりと結び付けたイメージや概念の育ちということばの基礎がまだ不確実で、感覚や運動も未熟なためだと仮説を立てました。保護者には、このような発達の絡み合いを伝え、今取り組むべき課題として、具体的で目的の明確な遊びを通して、ことばの基礎を育てていくことと、粗大運動と微細運動面にもアプローチしていくことを伝え、現時点でのコミュニケーション手段も活用しながら、ことばの理解と表出を促していくという目標を共有しました。
> 　子どもの発達段階や課題を捉えるために、様々なチェックリストや検査が用いられます。しかし、宇佐川（1989）は、認知、運動、言語、身辺生活、情緒、社会性などあらゆる視点を網羅しても、発達の全体像を捉えることにはならない、と述べています。この事例では、発達検査の結果を伝える時に定型発達からの遅れや差異よりも、発達のあらゆる側面の絡み合いについて、伝えることが重要だと考えました。このように、主訴の背景にある課題を整理して伝え、家庭と療育機関と双方で確認することが、療育の出発点となります。

(2) 発達の構造性

　保護者にとって、「今ここの課題」を解決するということが療育機関に通うきっかけとなります。しかし、療育機関に通い続ける中で、その主訴は子どもの成長に伴い変化します。1つの課題が解決しても、新たな課題が日々の生活の中で生まれる……。これは成長に伴う変化の大きい幼児期ならでは、ということもあるようです。

　保護者も含め一般的に「発達」ということばは、直線的で連続上昇的に捉えられがちです。しかし、「発達」とは、英語でdevelopmentといい、その語源は、否定の意味の接頭辞deと「包む」という意味のvelopです。そして包みを開いて中身を展開していくという意味をもつといわれています。つまり、単なる能力の獲得や拡大という意味ではなく、人間が本来生まれもった可能性を解き放つという意味が込められています。そのためには、人間らしい愛情と適切なはたらきかけも必要です（白石，2020）。

　宇佐川（1989）はこのような発達の過程を、直線的連続的上昇過程ではなく、螺旋

構造的なものであると捉えました。発達とは、タテに伸びる時とヨコに伸びる時があり、ヨコの系の充実によってエネルギーが蓄積され、タテの系の伸びにつながるものであるということです。ただし、それは時に内的な矛盾をはらんでいるため、保護者には子育ての中で混乱や迷いにつながることも少なくありません。

事例2

「電車が大好きで、駅に行ったのですが、怖がって近くで見られず、遠くから見ることになりました。以前は怖がることがなかったのに」。Bちゃんの保護者から投げかけられた質問です。

Bちゃんは今までは移動場面で大人が手を差し出すと、スムーズに移動していましたが、最近は、その場で座りこむことが多くなりました。指導場面では、以前に比べ「見分ける」「聞き取る」力の育ちがうかがえます。しかし、実物と玩具など代表性の理解はあいまいで、概念やイメージの育ちが不確実です。Bちゃんは、視覚や聴覚から状況を捉える力がついたことで、以前より物事や状況の違いを明確に理解しはじめているのでしょう。代表性の成立があいまいで、場面の予測が難しく、違いに気づくようになったからこそ、感覚も過敏になってきたと考えられます。このように、保護者には育ってきた力と課題になっていることの両方を整理して伝えました。

タテの系の伸びは、「できることが増える」「できなかったことができるようになった」と、変化を捉えやすいものです。しかし、子どもが横にエネルギーを蓄積し充実を図っている時の様相は、大人からすると「じれったく」感じやすいものかもしれません。とりわけ、支援を要する子どもは、自ら試行錯誤する力が弱いため、発達におけるヨコの系の充実は難しいことがあります。このような時に、支援者は子どもの育ってきた力とより充実を図っていく力を見極め、課題活動を厳選していくことが重要です。また、その課題活動の目的や意義を保護者にわかりやすく伝えることで、発達の見通しを伝え保護者と共有する姿勢が求められます。

（3）発達の意味性

発達相談や療育機関などを利用する保護者の中には、保護者自身は問題をあまり感じていないけれども、周囲からの指摘でやむなく発達相談や療育機関に来た、という方も少なからずいます。特に近年では、このような保護者が増えてきた印象もあります。

そのいくつかの理由として、子どもが保育園など家庭以外の場所で長い時間を過ごしているため、保護者は日中の子どもの様子をあまり知らないことが多くなっています。

また、少子化により保護者自身の成長過程で、きょうだいや年下の子どもなど異年齢の子どもの育ちを知る機会が少なく、一般的な子育てや発達に関する知識を得にくいこともあるようです。また、ここ10年ほどで児童発達支援などの事業所数と利用者数は飛躍的に増加しており、制度や支援に対する保護者の心理的ハードルが下がったこともあるようです。他にも、保護者自身に発達障害や知的障害などがあり、育児に対する独自の方法や考えを変えにくい方もいます。また、経済的な困難を抱える家庭や、家族の理解や協力を得られない場合もあります。

このような場合は、子どもの状態について、保護者になぜ療育などの支援が必要かを丁寧に説明し、理解を得ていくことが求められます。同時に家族や家庭の事情に応じた支援を、行政や地域の機関と協力しながら、検討していくことも求められます。

事例3

年少児Cちゃんの保護者は、「家では何も困っていることはないけれど、保育園の先生が言うので、療育機関に相談に来ました」と来所しました。保育園からは、集団活動に参加しにくいことなどを指摘されたそうです。家庭での様子を聞くと、切り替えが苦手であり、外出先では目についたものにすぐに走って行くため、目が離せないとのことでした。保護者はCちゃんのペースに合わせた生活をしており、「第1子なので個性だと思っていた」「泣かれると大変なので、本人の好きなようにさせている」とのことです。そこで、発達検査の結果を伝え、これらの行動の背景に発達面の課題があることを伝えました。その後、保護者からは「性格と思っていた子どもの行動の理由を、その都度伝えてもらい、もやもやとしていたものが少しずつ整理されてきたように思います」と話がありました。この事例では子どもの療育を通じて、子どもの行動の理由と生活の中でのつながり、発達の見通しを丁寧に伝えることで、「子どもの行動の意味」を共有することを大切にしました。同時に、家庭で可能な対応方法を一緒に考え、時にはただ保護者の話を傾聴することで、保護者の思いや悩みに寄り添うことも大切にしました。

療育は全ての問題を解決するものではありませんが、支援者は子どもの行動には必ず意味があり、それを発達的に意味づけて捉え、保護者に伝えていくことはできます。支援者は、保護者にとっても療育の価値を実感できるよう、子どもの育ちについて真摯に考えていきたいものです。

(4) 発達の可能性

幼児期の発達支援では、療育機関に通うことが、子どもの発達の可能性を保障するこ

とにつながります。しかし、それは子ども本人だけでなく、保護者や家族に経済的、時間的、また身体的・精神的にも負担をかけることがあります。保護者のモチベーションを保ち、通いやすいように支援の方法を検討することも大切な支援のポイントになります。

事例4

　療育に通い始めて3年目になる年長児Dちゃん。通い始めた頃は、泣いてばかりで活動に参加できませんでした。親子通園のグループ指導では、泣いているDちゃんを見て保護者も疲れた様子でした。そこで、認知やコミュニケーションが育ち、場面を予測する力がつけば、活動に参加するようになるであろうと伝えました。保護者は、「あの時子どもが変わると見通しをもてたことで、療育に通い続けられました」「療育を通じて、失敗にも大事な意味があると気づきました。就学に向けて不安はあるけれども、一つひとつ失敗を恐れず何とかやっていけそうです」と話してくれました。

　子どもの発達の見通しを伝えることは、保護者にわが子の発達の可能性に気づいてもらうことにつながります。発達の可能性を子育ての中で実感することが、親としての自信にもつながるようです。このような体験の積み重ねによって、幼児期に保護者がわが子の障害が固定的なものではなく、子どもなりの成長と変化を実感することは、生涯を通じて保護者自身も支援を受けることへの価値に気づくことにつながります。それが、子どもの発達の可能性を保障するものであることを、幼児期の支援に携わる者の責務として捉えたいものです。宇佐川（1998）は障害が重いといわれる子どもたちを含めて、大人が子どもの発達の可能性を信頼するという姿勢は、もっと強調されなければならない、と述べています。一方で、発達の可能性を重視するあまり、子どもや保護者へのプレッシャーにならないよう、支援者は常に自身のかかわりを見つめなおし「バランス感覚」を大切にしながら、保護者支援を充実させていきたいものです。また、宇佐川（2001）は保護者支援では、子どもの発達状況をいかに保護者に理解してもらえるかから始まり、保護者のニーズを具現化していくためには、その基礎的な課題を整理することが必要だと述べています。

　保護者支援においては、時に保護者の養育態度に視点が向きがちになりますが、感覚と運動の高次化理論における発達的視点を活かし、子どもを中心に据えながら支援者自身が心を開き保護者と対話を重ねていく作業が求められます。

第Ⅰ部　幼児期、児童・青年期の発達支援

3　療育における諸課題と感覚と運動の高次化理論

　平成24年の児童福祉法改正により、障害のある子どもが地域で支援を受けられるように、障害種別に分かれていた施設体系が一元化されました。その後約10年間で児童発達支援の事業所やその利用者は飛躍的に増えています。一方で、現場レベルでその支援の質をどう保障し、実践するのか、それに対する議論や取り組みが本当の意味で深められているのか。これについて、筆者はいまだ十分だとは言えないと感じています。

　宇佐川（1989）は、障害児の発達臨床は、教育や保育という側面、医療やリハビリテーションを含めた療育的側面、さらには心理臨床的視点、ケースワーク的な視点をも含有するものであるが故に、問題解決の焦点が定まりにくいものと述べています。ここでは、子どもの発達を捉える「眼」と「ゆらし」によるアプローチ、問題行動の捉え方、教材教具やアセスメントなど、療育の現場における諸課題について、感覚と運動の高次化理論の視点に基づいて考えていきます。

（1）子どもを捉える「眼」と「ゆらし」によるアプローチ

　「児童福祉法に基づく指定通所支援の事業の人員、設備及び運営に関する基準」（厚生労働省令平成24年施行）では、児童発達支援の実施に際し、個別に児童発達支援計画を作成することを義務付けています。また児童発達支援ガイドライン（2024）では、子どもの発達の側面を「健康・生活」「運動・感覚」「認知・行動」「言語・コミュニケーション」「人間関係・社会性」からなるものとし、児童発達支援計画には、「本人や保護者の意向」「長期・短期目標」などを盛り込むことを推奨しています。

　しかし、ここで留意したいのはガイドラインの5領域ごとに目標を設定し、「本人や保護者の意向」をもとに「目標」を設定するだけでは、子どもにとっての価値ある児童発達支援計画にはならないということです。目標設定は、個人内差の大きい子どもの、一人ひとりの状態を丁寧に評価した上でなければならないものです。また、子どもの場合、「本人の意向」はなかなか目標に反映しにくいものでもあります。そのため、依然として現状の児童発達支援計画には、教育的・社会的理念や理想で目標が設定されていることも見受けられます。あるいは、「年長なので就学に向け文字を書けるようにする」など定型発達に近づけ、年齢から期待される行動をできるようにする・増やすなど「量的な視点」で目標を設定していることも散見されます。また、各領域を記載しても、それらがどのように絡み合っているのか、つまずきの背景は何か、タテへの伸びだけでは

なくヨコの充実をどのように図るのかを丁寧に捉えた児童発達支援計画とはなりえていないことも多くみられます。

宇佐川（1989）は、アセスメントと目標設定、そして子どもへの支援では「人間理解型発達的視点」から、子どもの些細なサインを捉える観察眼、角度を様々に変えるアプローチ、そこから得た情報を発達的な視点から再構成する作業が必要だとしています。これは、時に自分の意思をで明確に示すことが難しい幼児期の子どもにとっても、「本人の意向」として権利を保障することにもつながっていきます。

1）子どもを捉える「眼」

療育で何らかの課題活動を設定した際、子どもが課題に取り組めたかその成否に注目しがちです。しかし、それ以上に重要なことは、子どもがどのようなプロセスを踏み課題に向き合ったのかを、深く捉える「眼」です。ここでは、「型はめ課題」を例に、子どもを捉える「眼」ついて述べていきます。「型はめ課題」では、以下のような点に気をつけ子どもの反応をみています。

①課題や活動に取り組む際の姿勢はどうか。②教材を提示した際、相手に注目するか。また、場面の変化を予測するか。③型を手に取る時に、相手の手渡しや自分が手を伸ばしたところをよく見ているか。④型をはめる時に、はめる場所や形を見分けているか。目で終点を確かめているか。⑤感覚運動的にはめているのか。運動を調整しているか。目と操作が協応しているか。⑥型を入れ終えて、相手と場面を共有するように視線を向けるか。

「型はめ課題」1つを例にしても、そこには起承転結があり、子どもの姿勢保持、操作性、視覚認知、言語理解、他者とのかかわりやコミュニケーション、場面予測の力、課題遂行姿勢など様々な側面をアセスメントすることが可能です。支援者は、結果だけで「その能力を獲得した」と短絡的に判断するのではなく、課題を提示する前から1つずつのプロセスで、子どもの発する些細なサインや行動を丁寧に捉え、発達的に意味づけていくことで、より確かな子どもの状態像を捉える努力をしていきたいものです。

2）「ゆらし」によるアプローチ

療育の課題活動でよくみられることの1つに、子どもがうまく課題活動に応じられない時や失敗をした時に、何とかその課題活動に取り組ませようとすることがあります。また、失敗の理由を「気分が乗らなかったから」「機嫌が悪かったから」という「あいまいな理由」にしていることもよくみられます。時にはそれが「あいまいな理由」

であるという支援者側の自覚もなく、正当な理由とされていることもあります。あるいは、障害種や診断名を理由にし、これまでの保護者を含めた人とのかかわりによる「誤学習」と意味づけられてしまうことも見受けられます。筆者自身も、これまでの経験の中で、幾度となくそのようなかかわり方や捉え方に陥ることがありました。それは、自らの力量不足であり、課題設定が子どもに最適かという検討が十分なされていなかったということでした。

　宇佐川（1989）はこのような支援者側の態度について、支援者側の実践力の至らなさを合理化しているだけだと、厳しく指摘しています。

　子どもがなぜ課題活動にうまく参加できなかったのか、なぜ失敗したのかを、感覚と運動の高次化という視点から捉えることで、支援者は子どもの発達像をより豊かに確かに見定め、行動の意味を探ることができる機会としたいものです。そのためにも、「ゆらし」をかけながらアプローチの方法を変える教授法が重要になります。課題活動では、以下のようなアプローチの変化が例としてあげられます。

　①椅子や机の高さ調整、座位の支持性を高めるための補助の必要性。脇や股を固定する補助具が必要か。滑り止めを座面に敷く。足台などで足底面を支持する。椅子や机の高さ調整で、課題への取り組みが変わるのか。②教材や教具の提示位置を変える。子どもから近い位置に提示した時と、少し離して提示した時の違い。正中線を超えた位置に提示した時、注目し探せるか提示方法を変える。③教材や教具の刺激性による違い。視覚・音のフィードバッグの強弱、色のコントラストによって、注目や集中の持続に差はあるか。④提示のタイミングやスピードを変える。子どもの追視速度や言語理解に合わせた場合と、早く提示した場合で反応や理解に違いはあるか。⑤声掛けや指さし、視覚モデルなどのヒントは必要か。どのようなヒントであれば気づきやすいか。あるいは何もヒントを提示しないほうが集中しやすいか。⑥操作面の介助は必要か。操作する側の手と反対側の手を軽く抑えることで、手元が整理され、目と手が協応しやすいか。手首や肘を支えることで、操作が安定しやすいか。

　これらはあくまでも一例ですが、アプローチの方法を変えることで、獲得した力を発揮しやすくし、つまずいている課題の背景と、それを援助するにはどのような手段や手立てが必要かを見極めていくことにもつながります。ただし、これはやみくもに行えばよいというものではなく、発達的な視点に基づいて、段階と意味づけを行っていくことが必要です。いわば、子どもを捉える「眼」と「ゆらし」によるアプローチは、支援者自身が子どもと相対している状況を、自身の感情も含めて俯瞰しつつ、顕微鏡で覗くように見入るような作業といえるでしょう。

(2) 問題行動の捉え方

　児童発達支援の計画では、「(大人側から見て) 望ましくない行動を減らし、望ましい行動を増やす」ことを、目標設定として掲げられることがあります。他害や自傷、常同行動などは、本人と周囲の人たちには、時に命の危険にもかかわることであり、何とかしてその行動を改善したいと考えるのは、至極当然のことかもしれません。しかし、どのような問題行動においても、宇佐川(1989)は子どもが外界とかかわろうとしている結果であり、支援者は子どもたちなりの原則を見極め、発達的に意味のある行動として多面的に捉える努力が必要であるとしています。

事例 5

　生活リズムや情緒が不安定で常に動き回る E ちゃん。とりわけ、唾吐きが頻繁にみられます。感覚運動的な玩具は情動が高まり、取り組みが持続しません。むしろブロックをはめ込んだり円柱入れのような、「はめる」「入れる」課題のほうが取り組みやすいようです。しかし、物の把持や目と手の協応は極めて不確実です。唾吐きは特定の色の物を見て、唾を垂らし手で撫でています。

　この様子から、瞬間的・限定的ではあるものの、色や形は見分けていると推測しました。そして、手の機能や目と手の協応が十分に育っていない E ちゃんなりの物へのかかわり方だと仮説を立てました。そこで、手の機能を拡げるために姿勢を安定しやすいよう座位保持椅子を使い、視空間を限定できるように壁向きに座り、支援者は横から介助してかかわりました。さらに、手を使いやすいよう教材 (図 2-1、図 2-2) を工夫し、手の動きを引き出すことを当面の目標としました。その後因果関係の理解が拡がり、意図的に入れるという行動が獲得されると、唾吐き行動も相対的に減少しました。唾吐きは、大人からすれば「衛生的に問題」であり、何とか止めさせたい行動です。しかし、視点を変えれば、E ちゃんなりの外界へのかかわりの手段であり、大事な意味のある行動で、発達の過程の中で出現した行動と考えられます。

　支援者は、仮に問題行動の改善を目標に掲げたとしても、ただ単にその行動を減らす、あるいは止めることだけに力を注ぐということがあってはなりません。ともすれば、それは子どもの大切な表現手段を奪うことにもなりかねないからです。どんなに障害が重いといわれる子どもたちであっても、幼児期にこそ自身が尊重される体験を通じて、「世界」を「人間」を、そして「自分自身」を信頼し、生涯を支える力を育んでいけるよう支援の方法を模索していくことが求められています。そのためには、問題行動

第Ⅰ部　幼児期、児童・青年期の発達支援

図 2-1　パイプはめ（著者作成）

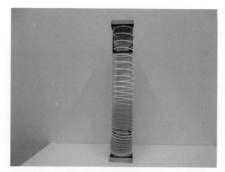

図 2-2　固定カラーリング（著者作成）

とみなされる行動の出現プロセスや、子どもなりの原則をきちんと見極め、どのような発達経過によって変化していくかを見通すことが、子どもの意思と発達を保障することにもつながると考えます。今日課題となっている障害児者への虐待防止についても、発達的な視点をもってかかわれるかがポイントになると思われます。同時に、問題行動について子どもにかかわる大人や家族のストレスなども考慮されなければなりません。家庭や集団生活などそれぞれの場面で、現実的に許容できる範囲や対応策など、共通理解を図ることも必要でしょう。

(3) 教材・教具をどのように活用するか

　療育の課題活動で用いる教材・教具は、その課題活動を充実させ、展開していく際に欠かせない要素です。感覚と運動の高次化理論の構築においても、教材・教具の開発と発達的視点による体系化は不可欠な要素です。教材・教具は、場面を構造化して共有しやすく、支援者は子どもを観察する視点を得られやすいものです。また、子どもも自発的で能動的に物や人にかかわる機会を保障し、見通しや目的をもって外界にかかわるというメリットがあります。

　しかし、教材・教具の活用はともすると、それを使えばあたかも「子どもが理解した」「成長した」と安易に捉えられやすい側面もあります。また、支援者側のイメージした手続き通りに子どもが反応しないと、時に支援者側が焦るあまり強制的なかかわりになることもあります。重要なのは、教材のメリットとデメリットを支援者側が自覚し、教材や教具に子どもを合わせるのではなく、子どもの発達段階に応じて教材のありかたを整理し、工夫して使い分けていくことです。その一例として、以下は「タッパー落とし」を例にあげています。①入口に余裕があり、型は球体：向きを調整しなくてもよい。入れることがわかりやすい（図 2-3）。②入口は少し余裕がある：円柱、立方体、

板など少し向きを調整するもの（**図 2-4**）。③入口に少し抵抗がある：抵抗をつけることで、手元をよく見ることを意識する（**図 2-5**）。④入口は形に合わせたもの：型はおはじき、細い棒など、より細かい操作が求められるもの（**図 2-6**）。⑤入口が凸型：より高次な操作の調節、目と手の協応、左右の協調運動が必要（**図 2-7**）。

　教材や教具は、発達段階が初期であるほど、同じ教材を同じ手続きで繰り返し取り組むことで、子どもの力を確実にしていけるでしょう。しかし、常にタテの系への伸びだけではなく、ヨコの系への充実を意識していくことが重要です。そのためには、同じ系列の教材であっても、素材や形状によって難易度を変えることでという視点も持ち合わせて、課題活動に活用していくことが重要です。

図 2-3　ビー玉落とし（著者作成）

図 2-4　大型おはじき、円柱落とし（著者作成）

図 2-5　ストッパー付き円柱落とし（著者作成）

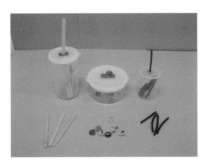
図 2-6　アイス棒、おはじき、縄跳び紐のタッパー落とし（著者作成）

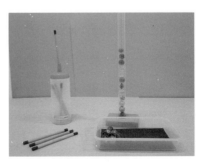
図 2-7　凸型棒入れ、ビー玉筒入れ（著者作成）

(4) 得意なことを活かすとは——アセスメントと感覚と運動の高次化理論

　子どもの発達支援の分野も、チェックリストや発達検査などによってアセスメントを行い、課題を設定するという方法は一般的になっています。いくつかの検査では、個人内差を把握することができ、「得意なことを活かす」ことを目標設定とすることもよくみられます。しかし、「得意なことを活かす」だけでは、問題が解決し子どもの生活を充実させることにはなりません。そもそも、「得意なこと」は、果たして本当に「得意なこと」なのか、苦手とする領域との対比で「得意なこと」とみなされている場合もあり、支援者はそれを見極めていく必要があります。

　あくまでも1つの例ですが、チェックリストや発達検査では「視覚からの情報理解」がほかの領域に比べて高くても、子どもの行動を観察すると、静観的な認識や見比べや見分けは、弁別の選択肢が多くなるほどケアレスミスをしやすいことがあります。また、姿勢保持が弱く、目と手の協応も不確実な場合は、基礎的な視覚認知を高めていくことや、感覚や運動へのアプローチも必要になってきます。このように、チェックリストや検査の数値を鵜呑みにするのではなく、より丁寧に子どもの状態を捉えることで、基礎的な課題を整理し、発達の土台となる力の目標設定が必要です。

　「得意なこと」を活かすだけでは、子どもの生活の中での不自由さ、不便さは決して解消されません。何より発達の可塑性が大きい幼児期では、「苦手なこと」に対しても、きちんとアプローチをし、少しでもその不自由さや不便さを解消していくことが、その後の子どもの生活を支え、豊かなものにしていくことにつながります。

　子どもへの支援について、ここまで述べてきましたが、感覚と運動の高次化理論は、「子どもから学ぶ」「子どもに学ぶ」ことに徹した理論であるといえるでしょう。宇佐川（2007）は療育場面で日常的に遭遇する生々しい臨床過程の中にこそ、支援にとって重要な事象があり、（支援者は）臨床的な直感でそれをすくい取り、緻密に分析整理することが問われていると述べています。支援の方法にマニュアルはありませんが、感覚と運動の高次化理論は、支援者にとっても、自らの原点に立ち返る時の拠り所として、息づいていくものであるといえるでしょう。

4　感覚と運動の高次化理論と機関連携・移行支援

　幼児期に子どもが家庭以外の集団で生活経験を積むことは、その後の人間関係や社会性の育ちを支える上で、大変重要なことです。障害のある子どもにとっても、療育機関

だけでなく、幼稚園や保育園など同年代の子どもと過ごす集団生活は、家庭や少人数の療育機関では受けられない刺激に満ちており、その持ちうる力をより充実させる貴重な機会といえるでしょう。保護者にとっても、時に子どもから離れて自分のペースで過ごす時間は、自身の精神衛生を保ち親子関係を豊かなものにしていくためにも意義のあることです。何より、同年代の子どもと一緒に過ごさせたいという、親としてのごく自然な願いは尊重されるべきものです。

　子どもの発達支援の分野においても、子どもの社会参加やインクルージョンの実現に向けた取り組みが進められていますが、その取り組みはいまだ途上にあります。障害のある子どもが、幼稚園や保育園などの大きな集団で生活をするためには、個別の支援は必要不可欠ですが、実際の現場では物理的にも人員的にも限界があります。だからこそ、関係機関同士がそれぞれの強みを生かし、連携を図る必要があるのでしょう。また、子どもの成長とともに、子どもの生活の中心となる場所は、幼稚園や保育園などから小学校・特別支援学校へ移行します。これは生涯にわたって続く「移行」の始まりであり、そこでは、子どもと家庭を中心に据えつつ、ライフステージを見据えた支援のありかたが問われます。ここでは、関係機関の連携のありかたや、移行支援について感覚と運動の高次化理論の視点の意義を考察していきます。

（1）関係機関との連携について

　かつて障害のある子どもの幼稚園や保育園などの入園は、難しい時代がありました。現在も入園にかかわる難しさは、定型発達の子どもたちに比べ依然としてみられます。しかし、少しずつではあっても障害に対する理解は拡がり、各自治体で差はあるものの、人的配置に対しての補助制度などが設けられ、多くの幼稚園や保育園などで支援を必要とする子どもたちを受け入れていることも事実です。しかし、療育機関と幼稚園や保育園などの大きな集団では、子どもの様相に大きな違いもみられるため、受け入れる側の園では対応の試行錯誤が続けられています。だからこそ、子どもの連続性のある育ちを支えるためには、それぞれの機関同士での情報交換や連携は不可欠なものといえるでしょう。また、ここ20年ほどで、診断や療育などの支援は受けていないものの集団生活の中で「発達が気になる子ども」は増加傾向にあり、その対応は、幼稚園や保育園などで難しい課題となっています。このような課題を後方から援助する手段として、療育機関の職員による巡回相談のニーズは高まっているといえるでしょう。

　このように療育機関がもつ専門性を活かし、幼稚園や保育園などと連携を図ることは、子どもへの支援にとどまらず、幼稚園や保育園などの職員を支援することにもつな

がっています。

1）療育機関を併用している子どもの連携

事例6

2歳から療育に通っていた年中児Fちゃんは、4月から保育園に入園し、療育機関と保育園を併用することになりました。保育園はFちゃんの入園に際し、保育士を1名加配し、集団生活で援助できるよう体制を整えました。園では給食をほとんど食べず、集団活動に参加しにくいそうです。泣いて部屋から出ていくことがあり、どのように対応すればよいか、療育機関に相談がありました。加配の保育士からは「上手くかかわれていないのでは」と不安を訴える声が聞かれました。

そこで、療育機関で取り入れている具体物やサイン、絵カードなどによるコミュニケーション手段を保育園と共有し、場面の見通しをもてるように座席やロッカーの場所などの動線の工夫や、保育園の現状を踏まえた場面の構造化を検討することにしました。園生活の見通しがもてるには、感覚、姿勢や運動、操作性、認知やことばとコミュニケーションの育ちが重要であることを伝え、園での活動がそれにどう関連するかを考えていくことにしました。また、加配保育士だけではなく、クラス担当の保育士や園全体で対応することも確認しました。

このように、療育機関を併用している子どもは、そこで取り入れている手法を共有することで、子どもの混乱を軽減することができます。ただし、配慮すべきことは、療育機関で行っている支援が、他の大勢の子どもが生活する保育園という場で、実施可能かを見極めることです。保育園側への理解を求める際にも、感覚と運動の高次化理論における発達を捉える4つの視点を踏まえ、説明することが園側の理解と納得につながります。また、対象の子どもと生活を共にするクラスの子どもたちへの支援にもつながるよう、各園の物理的な条件や人的配置など様々な条件を考慮し、実施可能なことから段階を追って取り組むことが求められます。

2）療育機関を利用していない子どもの連携（巡回相談を例に）

事例7

年少児Gちゃんについて、幼稚園から「集団活動の参加や気持ちの切り替えが難しい」と巡回相談の依頼がありました。幼稚園はこれまでも保護者と何度か相談の場を設

けてきましたが、保護者は年齢的にまだ幼く、健診での指摘はなかったことから経過を見ており、療育などを利用していないとのことです。

　観察した様子からは、クラスの子どもたちとやりとりを深めることが少なく、絵本読みや製作活動には参加していますが、楽器活動は皆が楽器を鳴らすと耳をふさぐことがありました。身支度や移動の準備は、ある程度皆が取り組み終わる頃に、マイペースに取り組みはじめます。サーキットや給食の配膳など並んで待つ時間が長いと、途中で他のことに気を取られ、活動から外れやすい様子がみられました。

　そこで、感覚の過敏さや見通しのもちにくさが、集団活動の参加の難しさの背景にあると仮説を立て、次のような提案をしました。集団が一斉に動く場面では、グループごとに分けて移動させることで、子どもたちが混み合う場面を少なくすること。身支度の手順を視覚的にわかりやすくするため、各自の持ち物をロッカーだけでなく、ラックなどにまとめて入れること。待ち時間短縮のため、いくつかの手順を省略することや、列を2列にするなどの提案をしました。そして、子どもの行動について、「わざと」行っているのではなく、発達のつまずきやアンバランスから生じていること、子どもなりの行動の意味や今後の見通しを伝えました。同時に、クラス全体の特徴やいわゆる定型発達といわれる他の子どもたちの発達段階などを把握することも重要です。そして、クラス全体の発達と対象児との差やバランスを見極めながら、クラスの中で対応可能な方法を探っていくことが求められます。療育機関を利用していない児童の巡回相談では、ともすると園からは療育機関に通う必要があるかなどの判断を求められます。しかし、発達的な視点で課題を整理していくことで、対象児が、集団生活の中で他の子どもたちと共に生活していくための方法を探ることはできると思われます。また、このような視点で対応の方法を探ることが、他の子どもたちにとっても、時には応用され過ごしやすい集団生活にもつながっていくことになります。

　いずれの連携においても、園側が大切にしていることや担当者の話をよく聞き、基礎的課題を整理し、段階を追って取り組むべき課題を示していくことが重要でしょう。また、助言内容にとらわれず、担当者自身が子どもとかかわりながら、判断し、考え、行動することを支援し、尊重することもポイントとなります。連携を通じて、担当者の身体的・精神負担に対しても心を寄せ、共に子どもの発達を支える者として、支えあっていきたいものです。

(2) 移行支援としての就学相談について

　幼児期の子どもが学童期へと移行することは、子どもにとっても保護者にとっても大

きな環境の変化になります。迷い悩みながら療育機関に通い続け、何とか生活をしてきた子どもと保護者にとって、新たな環境に移ることは、各自差はあれど不安や悩みに向き合うことになります。生涯発達という視点からみれば、はじめての「移行支援」ともいえる就学について、感覚と運動の高次化理論はどのような役割を果たせるのか、考えていきたいと思います。

事例8

「子どものことを考えたら、特別支援学級のほうがいいのだけれど。就学についてこんなに迷うのは私だけでしょうか？」。年長児Hちゃんの保護者からの相談です。それに対して、就学に際して悩むことは、ごく当たり前であることを伝えました。その上で、保護者の気持ちを伺うと、「幼稚園では何とかみんなと生活をしてきたので、小学校に入っても一緒に過ごす機会は欲しい」一方で「苦手なことが積み重なり、本人がつらい思いをしないよう、必要な支援も受けたい」とのことでした。そこで、特別支援学級の見学や体験学習の機会があることを伝え、市町村の教育委員会との就学相談を勧めました。また「ライフサポートファイル」の活用の方法や、入学以降の校内支援体制、放課後等デイサービスや保育所等訪問支援など福祉サービスについて情報を提供しました。そして就学先を考える上で、現在の発達課題を整理し、その課題の背景にある要因と、どのような支援があれば子どもの成長につながるのかを保護者と考えていくことにしました。そして、保護者の同意も得られたため、教育委員会とも情報を共有していくことになりました。

障害のある子どもの就学については、「学校教育法施行令の一部を改正する政令」（平成25年施行）により、規定の整備が行われました。また、平成25年文部科学省初等中等教育局長通知「障害のある児童生徒等に対する早期からの一貫した支援について」では、幼児期から就学以降を含む一貫した支援について留意事項が示されています。児童発達支援ガイドライン（2004）においても、小学校および特別支援学校と児童発達支援の連携が提唱されています。このように、法整備などによって支援体制は整えられてきましたが、その制度を子どもと保護者にとってより充実したものとしていくためには、感覚と運動の高次化理論を以下のような点で活用できると考えられます。

①保護者と教育委員会（あるいは学校）、幼稚園や保育園などと、療育機関とで子どもの発達像を共有する。その際に注意したいことは、「できるか／できないか」あるいは（希望する就学先に）「就学できるのか／できないのか」という二者択一的な捉え方ではなく、発達的視点に基づいて整理していく。そのうえで、課題と具体的な援助を考

える。②課題を発達的な文脈の中で整理する。「どのような段階、時期」で「どのような力が影響しあうと」「今後どのように変化していくか」をある程度予測する。③ライフステージのイベント（中学、高校、大学への進学、就職など）についても念頭に入れて、相談を進めていく。

　就学については、できうる限り子どもが入学したあとの学校生活をどのように過ごすのか、保護者や教育委員会（あるいは学校）そして子ども自身も具体的なイメージをもてるように支援していくことが求められます。同時に、それにとらわれずその時々で問題が生じたときはどうするのか、誰に相談すればよいのかを保護者や子ども自身、そして学校も知っておくことも大切です。また、就学先が固定的なものではなく、常に子どもを中心にかかわる大人たちが、子どもにとってより良い学校生活を送れるよう、柔軟に対応していくことが重要でしょう。

5　感覚と運動の高次化理論を活かす幼児期の支援

　ここまで、幼児期の子どもの発達支援について保護者支援、療育機関での子ども支援、関係機関の連携と移行支援について述べてきました。感覚と運動の高次化理論の視点は、いずれの支援においても発達的視点を大切にしつつ、子どもを理解する姿勢をもつことが基本になります。そのために、宇佐川（1989）は、視点をもちながら子どもを深く理解するという枠組みを作りつつ、視点から離れる、あるいは視点を壊す自由さをもち続ける必要があると述べています。感覚と運動の高次化理論の成立過程には、様々な理論や手法を柔軟に取り入れつつ、発達的な視点で意味づけてきた経緯があります。幼児期の支援では、感覚と運動の高次化理論のみにとらわれると、支援は成立しません。生涯にわたって内在し続ける力を育む幼児期では、子どもを中心に据えた時、何を大切にするのかということを常に問い続けながら、支援者は、自身の専門領域の視点をもちつつも、自身の専門領域以外からも学ぶ姿勢をもち続けていきたいものです。このことは、保護者支援、子どもへの支援、連携と移行支援とそれぞれ違う形であっても、保護者を理解する、子どもを理解する、あるいは関係機関を理解する姿勢にも通じるものであると考えています。

文献
こども家庭審議会障害児支援部会（2004）児童発達支援ガイドライン．こども家庭庁．
こども家庭審議会障害児支援部会（2004）保育所等訪問支援ガイドライン．こども家庭庁．

第Ⅰ部　幼児期、児童・青年期の発達支援

中田洋二郎（2002）子育てと健康シリーズ17　子どもの障害をどう受容するか．大月書店．
岡本夏木（2005）幼児期―子どもは世界をどうつかむか―．岩波新書．
白石正久（2020）発達を学ぶ小さな本　子どもの心に聴きながら．クリエイツかもがわ．
宇佐川浩（1989）感覚と運動の高次化と自我発達―障害児臨床における子どもの理解―．社会福祉法人全国心身障害児福祉財団．
宇佐川浩（1998）障害児の発達臨床とその課題―感覚と運動の高次化の視点から―．学苑社．
宇佐川浩（2001）障害児の発達支援と発達臨床―発達臨床心理学からみた子ども理解―．社会福祉法人全国心身障害児福祉財団．
宇佐川浩（2007）障害児の発達臨床Ⅱ　感覚と運動の高次化による発達臨床の実際．学苑社．

　　　　　　　　　　　　　　　　　　　　　　　　　　　　　　　　　　　　関口　薫

第3章

児童期
（知的障害）

1 はじめに

　朝の昇降口では、視線やタッチであいさつ、笑顔でお辞儀、「あー」「おはよう」「〜ちゃん、おはよ」「おはようございます」など、様々なあいさつが行き交います。
　人との快いかかわりの中で、コミュニケーションや社会参加に向けた力を高め広げたいと思います。個々に応じた指導内容や手立てを検討するためには、できないことに目を向けるのではなく、個々のわかること、できること、喜んで行うこと、得意なことを丁寧に把握することが重要です。今現在もっている力をどのように活かしていくと、コミュニケーションや社会参加の力を高め、人との安定したかかわりや自立的な活動を広げていけるのかということです。

2 発達を見る枠組み

　子どもの発達の状態を理解するための視点として、筆者は、情緒を軸としながら入力系→情報処理系→表出系を枠組みとする発達臨床モデル（図3-1）を参考にしています。
　宇佐川（1986）は、発達水準というものを発達年齢とはみないで、「発達論的な立場では、発達機構のどこに問題があり、その発達プロセスにおけるもつれやつまずきをどのようにのりこえて発達の質的転換を図っていけるかが問題にされる」と述べています。また、発達のタテの系（上へ上と引き上げる）よりもヨコの系（発達ステージ内の広がり）を重視しています。

(1) コミュニケーションにおける発達水準（学部での取り組み例）

　以前の勤務校（知的障害特別支援学校）小学部では、コミュニケーションに関する指導に焦点を当て、コミュニケーションをねらいとした実践を蓄積・整理することを繰り

第Ⅰ部　幼児期、児童・青年期の発達支援

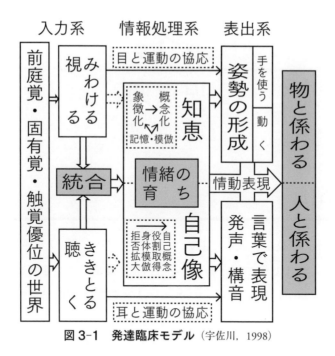

図3-1　発達臨床モデル（宇佐川, 1998）

返し、コミュニケーション表（**表3-1**）を作成しました。個々の実態把握や目標設定、評価時に使用するとともに、学年や担任が変わっても指導内容を系統的に積み重ねたり、職員や保護者間で共通理解を図ったりするためにも活用しました。

　コミュニケーション表における発達水準については、他者からの働きかけを理解できる手段として5つのレベルを想定しました。

・Ⅰレベル：直接的な動きでわかる
　　　　　（例）実際にブランコで揺れる、抱かれてクルクル回る
・Ⅱレベル：実物でわかる（直接的な物→間接的な物）
　　　　　（例）ブランコ→ブランコ用のクッション
・Ⅲレベル：絵・写真、身振り、線画でわかる
・Ⅳレベル：言葉（単語〜二語文程度）でわかる
・Ⅴレベル：3語文以上、簡単な概念理解

(2) つまずきや問題となる行動の意味を考える

　個々の指導・支援にあたって、発達臨床的な見通しがあれば、例えば「オウム返ししかできない」という理解ではなく、「音声模倣ができる」「相手に応じようとしている」など、肯定的に行動の意味を理解することができます。また、「できる・できない」と

表3-1 コミュニケーション表（柏養護学校言語・数量グループH12を一部抜粋）

レベル	表　現	理　解
I	a 働きかけを喜ぶ。 b 好きなものに向かう。 c 声や語調を聞き分けて応じる。	
II	a 要求を直接的な動きや発声で表す。 b 要求を具体物で表す。	a 身ぶりを伴った簡単な指示に応じて行動する。 b 具体物に応じて行動する。
III	a 名前を呼ばれると返事をする。 b 要求を身ぶりや指さしで表現する。 c 要求内容を絵・写真カードで表現する。 d YES・NOを表現する。	a 特定の言語指示に応じて行動する。 　指示：絵・写真カード、身ぶり、指さし b 指示に応じて物を取る。 c 指示に応じて活動する。 d カードで流れを理解し行動する。
IV	a 要求を言葉＊（単語、二語文）で表現する。 b 簡単な質問に答える・簡単な質問をする。 c 場に応じた言葉を表現する。	a 簡単な言葉の指示に応じて行動する。 b 言葉の指示で活動する。 c 文字を読んで内容を理解し行動する。
V	a 質問に答える・質問する。 b 電話を使う。 c 文を書く。 d 役割や状況に応じて柔軟に発言する。 e 話し合いをする。	a 活動内容の説明を聞いて行動する。 b 文章を読んで内容を理解し行動する。 c わからない言葉を調べて理解する。

＊言葉：音声言語だけでなく、カード、身ぶりサイン、文字などの視覚的手段も含む。
＊アルファベットの並びは、順序性を示さない。

いう評価だけでなく、注意の問題、単語の内容理解（興味の有無や質問内容など）、視覚的手がかりの有無、相手との関係性など、つまずきの要因を多面的に捉えることで柔軟な指導・支援につながります。

本章では、発達水準の把握とともに、子どもの得意なことや苦手なこと、個人内差などを捉えながら指導・支援を行った小学部低学年児の実践例（3ケース）を紹介します。

3　実践例を通して

事例1：重度の知的障害と肢体不自由を併せ有するA児

A児は、立位は難しいですが、背もたれ付きの椅子や車いすに座って活動に参加し、揺らし遊び、戸外散歩、リズムのはっきりした音楽などで、表情が和らいだり手足を曲

第Ⅰ部　幼児期、児童・青年期の発達支援

げ伸ばしたりする様子がありました。ただ、笑顔になってもすぐに表情が消えてしまう、手に物が触れると手を引く、提示物や声かけに視線を向けることはほとんどないなど、表情や動きが非常に少ない状態でした。

　刺激受容の力を高め、快いことを広げる中で、表情の変化、視線を向ける、姿勢を変える、手指を動かすなどの自発的な動きを引き出したいと考えました。宇佐川（2001）が示す「揺れ・関節への刺激（前庭感覚・固有感覚）＞触覚＞聴覚≫視覚」という初期感覚器官の受容のしやすさを意識し、遊びや教具を用意しながらA児との学習を行いました。

○A児とのかかわりの中で特に配慮したこと
　・本児にわかりやすいように刺激を整理して提示すること
　・働きかけた後、じっくり待つこと
　・活動を予期しやすい状況を設定すること

○人とのかかわり：教師との遊びを楽しむ
　①抱いての揺らし遊び：揺らす速さや揺れの方向を変えたり、途中で揺らすのを止めたりしながら、表情や視線、身体の動きの変化を見逃さないよう心がけました。
　②遊具を使っての遊び（**図3-2**、布ゾリ遊びなど）：遊びの予期を促すために、遊びを始める前に布ゾリ遊びの歌に合わせて布を揺らしながら提示する（遊具の提示）、他児が遊ぶのを見る（実演）、布の上に横になったら上半身を起こすよう布を持ち上げ少し間をおいてから揺らし始める（姿勢変化）などに配慮しました。

図3-2 布ゾリ遊び

○物との係わり：玩具とのかかわりの中で手指を動かす
　教材作成に当たっては、フィードバックとして「振動や感触」「音」の変化があること、さらに「受動的に刺激を受け止める→簡単な手指の動きで音を出す→手を動かし音を出す」と因果関係の視点も配慮しながらA児が楽しめる玩具を検討しました（**図3-3～図3-5**）。
　①振動や感触を楽しむ物

図3-3　鈴付きフープ

教師や友達と一緒に持って揺らし楽しむ。揺らす速さや強さ、方向を変化できる。

図3-4　ローラー箱

フット用のマッサージローラーを蓋付きの箱に入れた物。ローラー音や蓋を開けるタイミングを工夫して提示

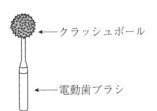

図3-5　ウニウニくん

柔らかなクラッシュボールを電動歯ブラシに取り付けた物。手だけでなく顔やお腹など全身のいろいろな所に当てて楽しむ

②簡単な手指の動きで音を楽しむ物

　フィードバックとして、音の変化だけではなく、手指を動かす際の振動や感触にも配慮しました。手指の動きとしては、バネ付きタンブリン（図3-6）：たたく、棒チャイム（図3-7）・輪付きシロフォン（図3-8）：握って動かす、キーボード箱（図3-9）：握っている物を離す、スライドチャイム（図3-10）：握って滑らす、などを活用しました。

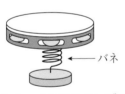

図3-6　バネ付きタンブリン

台座付きのバネにタンブリンをのせた物。タンブリンの表面の感触も楽しい。

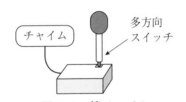

図3-7　棒チャイム

電池式の玄関チャイムに多方向の棒スイッチを付けた物。握った棒をどの方向に動かしても音が出る。

図3-8　輪付きシロフォン

棒シロフォンに握り輪付きの棒を付けた物。動きの大きさによって音色が変化する。

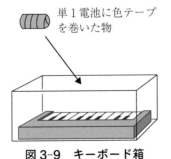

図3-9　キーボード箱

蓋のない箱に小型キーボードを入れた物。握った物（単1電池）を離すとキーボードに当たり音が出る。音色を様々に変えることができる。

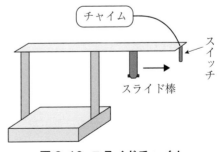

図3-10　スライドチャイム

溝にそってスライド棒を動かし（一方向）、端のスイッチに触れるとチャイム音が鳴る。置き方によってスライドの方向を様々に変えることができる。

第Ⅰ部　幼児期、児童・青年期の発達支援

○A児の変容

　様々な遊び（快いこと）を広げる中で、笑顔や笑い声、手指を動かす、体の向きを変えて人や遊具を見るなど、自発的な動きが増えました（**図3-11**）。揺れや振動が止まると、触れている教師を握る、自分で身体を揺らす、教具に手を押し付けたり手を伸ばしたりするなど、自ら人や物に向かい催促する動きも見られるようになりました。また、遊びを始める前に姿勢を変える、遊具に乗るなどの身体感覚によるものだけでなく、歌や音を聞いたり遊具を見たりするだけで笑顔になったり手を伸ばしたりすることも増えました。高学年になると、音色の変化で表情を変えたり視線を向けたりする、揺れるシロフォン棒を見ながら繰り返し振るなど、音への反応や手と目の協応も高まってきました。

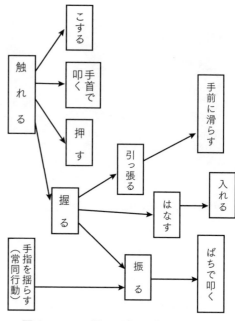

図3-11　A児の手指の動きの広がり

　A児が表現する小さな動きや変化を丁寧に見取ること、教師自身の働きかけの有り様（表情や語調、身体援助、教師の動き方、声かけや提示のタイミングなど）を意識することの大切を感じました。

事例2：言語理解が弱く、発語や動作模倣が苦手なB児

　B児は、「椅子」「タオル」などの身近なことばの理解が難しく、写真を見せたり方向を指さしたりして理解を促していました。また、発声はありますが発語はなく動作模倣も苦手で、要求は直接的な行動（教室を出て行きたい場所に行く、棚を開けて欲しい物を取るなど）で表現し、止められると大泣きしたり怒って相手を叩いたりしていました。問題行動と受け取られてしまうこれらの行動は、自分の意思を伝える表現手段をもっていないことや、今は何をやるべき時かという状況理解の難しさが背景にあると考えました。

　コミュニケーション手段は絵や写真、表現方法は発語や動作模倣は苦手なことからカードを人に渡す行動としました（コミュニケーション表のⅢレベルでの指導開始）。

○要求表現：要求内容を伝える

　要求カード（好きな場所や物の写真）を出口近くの壁に貼り（**図3-12**）、好きなカ

ードを教師に渡すようにしました。離れたところにいる教師にも自らカードを持ってくるようになったため、次にカードをまとめて入れた箱（**図3-13**）を用意しました。ほとんど混乱なくカードを選ぶことができました。また、写真から絵＋文字カード（**図3-14**）の切り替え時には、カードの裏に写真を貼り、B児自身が正誤確認しながら選ぶことができるようにしました。

図3-12　写真ボード

図3-13　カード箱

図3-14　絵＋文字カード

要求内容を伝えたり自分で正誤判断したりすることにより、行動を止められることが少なくなり、泣いたり怒ったりすることが減りました。さらに、教師に向かって「あー」と発声し、お辞儀をしながらカードを渡してくれるようになりました。

○カードの活用例（表3-2）

表3-2　カードの使い方

選択	複数のカードから選びとる。 例）質問に答える。「～はどれ？」 　　　要求を表現する。「～が欲しい」
収集	呈示されたカードに対応した物を集める。 例）帰りの仕度：バックに必要な物を入れる。 　　　調理や作業：材料や用具を揃える。 　　　買い物：指示された物を探してカゴに入れる。
順番	呈示された活動を順番に行なう。 ＊順番のルール：上→下、左→右、めくり式 例）1日の流れ、作業の手順
やりとり	指示理解としてだけでなく、自らの意思伝達のためにカードを使う。 やりとりしながら、本人自身がカードを並べ替えたり増減させたりして表現する。 例） ・昼休みに自転車カードを取って教師に渡す →教師「（外を指さし）雨だから、（体育館カードを見せながら）体育館で遊ぼう」 →自転車カードを戻し体育館に行く。 ・スケジュールボードと勉強、遊び、掃除のカードを渡し、子ども自身に活動の順番を決めてもらう。

第Ⅰ部　幼児期、児童・青年期の発達支援

- 収集：帰りの支度（図3-15）

　B児は朝の支度（バックの中の物を各所定の場所におく）は1人で終えることができましたが、帰りの支度では教師の指示や促しが必要でした。目の前にない物を思い浮かべ集めることが難しいのではないかと考え、入れる物のカードを用意し、入れた物のカードはカップに移すことにしました。1人で全ての物をバックに入れ終わると帰りの支度カード箱も所定の場所に片付け、着席して待つようになりました。

図3-15　帰りの支度カード

- 順番：スケジュール（図3-16）

　「そうじ→ほけんカード→ぷりんと」という流れでカードを提示し1つの活動を終えたらカードを下の箱に入れるようにしました。しかし、プリントが終わるとカードを箱に入れ、好きな場所に遊びに行ってしまいました。教師に渡す「できた」カードを用意し、一連の活動を終えた後、教師とやりとり（終了報告＋要求表現）をして好きな活動を行なう流れにしました。係活動としては、保健カード・水やり・お手紙係などと、できるようになった活動を日ごとに変えて組み合わせました。B児

図3-16　スケジュールボード

はカードを渡すことで要求や意思を伝えたり、提示されたカードを操作することで一連の活動を1人で行なったりと、カードの使い方を身につけることで、人とのやりとりや自立的な活動を広げ、行動調整の力も高まってきました。

事例3：細部視知覚[*1]が得意で個人内差が大きいC児

　C児は、アルファベットや平仮名、カタカナを読んだり、数字を読みながら順番に並べたりできますが、「これ何？」「～はどれ？」などの質問に応じることは難しく、カードを教師から取り自分のルールで遊び始めていました。また、パズルやプラレールが好きで1人で組み立てて遊びますが、終了や活動の切り替えに応じることは非常に困難で、C児の思いが弱くなるタイミングを待って次の活動を促していました。

　細部視知覚の情報処理は得意ですが、注意や興味が非常に狭く、状況理解や周りから

[*1] 細部視知覚：視知覚の発達は、細かいところを見分ける「細部視知覚」と、全体の関連を把握し意味づけて捉える「全体視知覚」がバランスよく育って行くことが大切です。

の働きかけに合わせたりすることが困難なのではないかと考えました。そこで、個別学習場面で、好きな文字を活かしながら柔軟なやりとりや状況理解を促すことを目指しました。

○質問応答「これは？」に応じて言う

絵と文字を合わせたカードを用いましたが、文字のみを見ようとしたり他のカードに興味を示したりして質問に応じることはできませんでした。そこで、タブレットを使って単語構成表記から音声表現できる「平仮名ボード　しゃべる50音表」（アプリ）を用いたところ、C児は興味を示し、絵に添えられた文字を見ながら単語を表記しました。

このタブレット（アプリ）をきっかけに、タブレットを介さなくても「これは？」に応じて名前を言うことがスムーズになり、絵カードや平仮名積木、絵本、図鑑など、様々な物でやりとりできるようになりました。さらに、「これは？」のやりとり課題の中で名詞を言うだけでなく、「バナナ、もぐもぐ」と食べる身振りをしたり「犬、ワンワン」と鳴き声を楽しんだりする、片付ける時に「〜ください」「〜はココ（指さし）に入れてください」など、イメージを広げる、模倣を促す、相手の指示に応じるなども意識しながら課題を通してのやりとりを進めました。

○状況や意図理解のために

絵カードを用いた課題の中で、「座るものは？」「食べる物は？」などに応じてカードを選び取るようになったため、次に仲間分け課題（乗り物、食べ物、動物）を行うことにしました。絵カードと分類皿を用意し、まず教師が見本を示し、次にC児にカードを渡したところ、カードを皿には入

図3-17　分類（模型、切り抜き絵、カードなど）

れましたが、分類することはできませんでした。分類する物をカードではなく実物（模型や玩具）にすると迷わず分類することができました。その後、切り抜き写真や絵カードも交えながら課題（**図3-17**）を行うことで、意図理解（どのように行動すればよいのか）ができたためか絵カードのみでも動物・食べ物・乗り物に分類することができました。

スケジュール（**図3-18**）も実物を使い、「課題（お盆の上）が終わったら、おたの

しみ（箱の中の玩具を1つ選ぶ）」と、見通しがもちやすくなるように設定しました。しかし、箱の中に玩具そのものを入れたところ、使いたい気持ちが強くなり制御することが困難でした。絵カードや写真でも試みましたが、C児は玩具の容器や蓋のみを提示するパッケージの選択が一番落ち着いて活動できました。

C児は、好きなことや快い記憶に強く注意が向き、相手の意図と異なるところにこだわってしまうと思われます。本人の納得や興味を大切にしながら、課題を通してやりとりする中で、模倣が増える、次の課題が出るまで待っているなど、相手を意識して応じることが少しずつ広がってきました。

図3-18　実物でのスケジュール

4　おわりに

「子どもから見た世界を想像しよう」「柔軟でありなさい」「子どもの客観的事実の前に謙虚でありなさい」。宇佐川浩先生からのことばを大切に、一人ひとりへの理解を深めるとともに、自分自身の働きかけのタイミングや方法、声かけは子どもに合っているかなどを振り返り、子どもとのかかわりや指導・支援を充実させていきたいと思います。

文献
平成11年度研究のあゆみ　わだち19号．千葉県立柏養護学校．
高畑和子（1997）発達の初期にある子どもの6年間の変容．発達臨床研究，15，45-55．
高畑和子（2000）朝と帰りの活動の指導．全国知的障害養護学校長会編著　個別の指導計画と指導の実際．東洋館出版社，44-47．
宇佐川浩（1986）感覚と運動の初期発達と療育．全国心身障害児福祉財団．
宇佐川浩（1998）障害児の発達臨床とその課題—感覚と運動の高次化の視点から—．学苑社．
宇佐川浩（2001）障害児の発達支援と発達臨床—発達臨床心理学からみた子ども理解—．全国心身障害児福祉財団．

高畑和子

第4章

青年期
（知的障害）

1　中学部

（1）中学部における学びの継続性

　知的障害特別支援学校中学部では、同じ特別支援学校や地域の小学校から生徒が入学してきます。入学すると小学部や小学校と違う教育課程となり、学校生活の流れが変わります。学級や学年の人数が増え、作業学習、委員会活動、サークル活動など、所属する集団が多様になり、友達や教師とのコミュニケーションが広がります。また、急激に身長が伸びるなどの身体の成長が著しい時期でもあります。特に中学部1年生の生徒が夏休みを過ぎると「大きくなったね。すっかり中学生だね」とことばをかけられる場面を多く見るようになります。しかし、子どもたちの何かが大きく変わるわけではなく、日常の生活は連続していきますので、一人ひとりの様子を丁寧に見ていく必要があります。

　中学部では、小学部や小学校で積み重ねてきたことを学習や生活の場面で発揮し、自分なりに工夫し、考えて行動したり、自分の役割に責任をもって取り組んだりする機会が増えます。できることを横へ横へと広げていく経験や、もう少しでできそうなことにチャレンジしていく中で、達成感や自信をつけて自己肯定感を高めながら高等部に向けて準備していくことを大切にしたいと考え、日々の学習活動に取り組んでいます。

（2）感覚と運動の高次化理論からみた中学部生徒の学び

1）基礎的な発達と自立に向けた学び

事例1　自分のペースを大事にするAさん（中学部1年）

　Aさんは同じ校舎にある知的障害特別支援学校小学部から中学部に入学してきました。重複学級に在籍しており、幼児期に自閉症の診断を受けています。自分なりの流儀

があり、服を何度も畳み直したり、物の位置をそろえたり、移動中に教室に戻ってやり直したりするなど、活動を前に進めることに時間がかかる様子が見られました。ことばの表出は見られませんが、周囲の状況を見て理解しています。自立活動の課題学習では、型はめやペグ差しなど、手指を使う活動を好んでいましたが、「これと同じものをください」「ここに入れてください」などの教師からの問いかけに答えることは少なく、教師を手で振り払って自分のペースで学習を完結させることが多くありました。Aさんはカード類に関心があるので、めくり式の手順表（**図4-1**）を活用すると着替えの時間が短くなりました。カードをめくりながら自分で活動の視点と終点を作ることができたのではないかと思います。また、生活場面で物をそろえたり、同じ物をまとめたりする様子が見られたため、課題学習では、「カードをまとめる」「袋に入れる」を終点にし、作業的な要素を盛り込んで結び目（**図4-2**）を増やしていきました。最終的には、提示された課題を完結するだけでなく、教室内の棚から自分で課題を用意して取り組み、終わったら元の場所に片付けるといった一連の流れで行動できるようになりました。

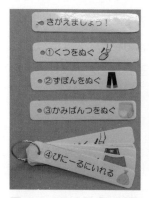

図4-1　めくり式の手順表（筆者作成）

図4-2　手順やルールの学習（筆者作成）

2）自分時間（余暇）の過ごし方

　学校生活の中で興味関心を広げ、好きなことや得意なことを見つけていくことは、卒業後の生活を豊かにすることにつながります。音楽鑑賞、カラオケ、ボウリング、サッカー、鬼ごっこ、ダンス、絵を描くなど、1人で楽しめることや集団で活動する場面を意識的に設定しました。普段おとなしくて動きの少ない生徒が、休み時間になると音楽に合わせてノリノリで体を動かすなど、授業中とは違う一面を見せることがありました。課題学習で取り組むビーズやリリアンも、余暇を過ごす時間につながっていくかもしれません。筆者が学生時代のプレイセラピーで、構造化された場面では積極的に教材

にかかわることができても、自由な場面では選んだり遊んだりすることが難しい子どもの様子に直面し、「自由な時間は不自由な時間」であるという宇佐川先生のことばを実感しました。自分の自由な時間を過ごすためには、因果関係の高まりや結び目を増やす支援が大切になります。

3) 清掃活動

事例2　丁寧に掃除をするBさん（中学部1年）

Bさんは地域の小学校から中学部に入学してきました。単一障害学級に在籍しており、児童期に発達障害の診断を受けています。入学当初は、掃除の時間になると自分から箒を持って活動を始めますが、箒を思い切り振り切ってゴミをまき散らしたり、水が滴る雑巾で床や机上をグルグル拭いたりする様子が見られました。掃き掃除では、床面に角材を置いてガイドを作り、一方向に優しく掃く練習を積み重ねました。床面にテープを貼ってゴミを集める場所を示すことで、ガイドがなくてもゴミを集める印に向かって掃き進めることが上手になりました。雑巾を絞る際は、雑巾の畳み方を決め、握る位置に印を付け、縦絞りにして練習しました。また、床面や机上に拭き方を示す数字とラインを貼ることで、順序や方向を意識して拭くことができるようになりました。

中学部では、教室や廊下を掃除する時間は、道具の使い方を学ぶ機会になります。四つばいで床拭きする姿勢を取ることが難しい生徒は、箱の下に雑巾を付け、箱雑巾を押して掃除するなど、掃除の方法は一律ではなく、個々に合わせた支援で生徒のできることが増えます。クラスの一員として一人ひとりが役割を担うことは、家庭や社会の中でも活躍できる機会につながります。

4) 挨拶、依頼、お礼、報告は、大事なコミュニケーション

毎日何度も交わす挨拶は、ことば、発声、うなずき、表情、視線、手をたたくなど、その生徒なりの表現で気持ちのよい挨拶ができるように支援していきたいです。困っていることを伝えたり、報告したりすることは、すぐにできるようにはなりません。図4-3のコミュニケーションカードを活用するなど、毎日の小さな積み重ねがコミュニケーション手段を広げてい

図4-3　めくり式のコミュニケーションカード（筆者作成）

くと考えます。

5）自己選択、自己決定

「自分で選ぶ」「自分で決める」ことは、学校生活の様々な場面であります。選択肢が多いと手当たり次第に手を伸ばしたり、利き手の法則で選んでしまうことになったりします。選択肢を減らし、提示の方法も「手を伸ばした」「しっかりこっちを見た」と生徒の気持ちがはっきりと伝わるような工夫が必要です。

宇佐川先生の「子どもから学ぶ」「行動には必ず意味がある」「既成概念にとらわれない」「ゆらし」ということばを心に置きながら日々、子どもたちとかかわっています。子どもの様子から支援や教材を考えることは、教師としてとても楽しい時間です。教材は、あるから使うのではなく、子どもの様子から出発するものであることをこれからも大事にしていきたいです。教材を介して子どもを知り、共感し、コミュニケーションを深め、筆者自身も成長したいと思います。

文献
宇佐川浩（1989）感覚と運動の高次化と自我発達―障害児臨床における子どもの理解―．社会福祉法人全国心身障害児福祉財団．
宇佐川浩（2007a）障害児の発達臨床Ⅰ　感覚と運動の高次化からみた子ども理解．学苑社．
宇佐川浩（2007b）障害児の発達臨床Ⅱ　感覚と運動の高次による発達臨床の実際．学苑社．

渡邉久美

2　高等部

ここでは、「感覚と運動の高次化理論」で述べられている、子どもの行動を肯定的に捉える視点と個人内差を理解する視点を支援者側がもつ重要性を、知的障害特別支援学校の高等部生徒への支援の実践を通して紹介します。

前半は障害が重いとされる生徒の事例、後半は軽度の生徒たちの事例です。

（1）高等部でありがちな事例

特別支援学校の教員になると決まったとき、宇佐川先生からいただいたことばは、「わからないことは子どもに聞く。あなたの一番の先生は子ども」でした。そのことばを実感するきっかけとなった、2人の生徒の事例を紹介します。

彼らは、筆者の教師生活の基となった、まさに「一番の先生」たちです。また彼ら

は、高等部の先生方を悩ませる「ありがちな事例」の2人でもありました。

1）「生活経験」でできていることか、「発達の段階」としてできていることかの見極めが難しい

　特に小学部から特別支援学校で学んでいる生徒の場合、学校生活は経験でできている部分があり、現場実習に行って初めて「学校だからできていた」とわかる場合があります。「学校ではできている」は、職員室でよく聞くことばではありますが、それは経験や繰り返しのパターンで身につけた知識や行動であり、発達の中で獲得した知恵とは異なっているため、「知らない場所ではできない」「知らない相手とはできない」ということが起こります。教師は、それに気づいた時点で、他の行動も「経験でできていること」ではないかと疑い、観察し、行動の背景を考察して、次の課題をどうしていくのかを考えていく必要があります。

事例3　いつもと違う場面ではできなかったCさん（高等部2年生）

　Cさん（自閉症、療育手帳Ⓐ）は、表出言語はありませんが、課題場面では写真カードと絵カード、絵カードと絵カードのマッチングができ、生活場面では「場所の写真カード」と「活動内容の絵カード」で教室移動ができました。

　高等部では校内実習として通常の作業学習に取り組む期間が2週間あり、通常の作業学習時には「連絡帳」を、校内実習時は「実習ファイル」を作業室に持って行くきまりでした。

　校内実習初日の月曜日、Cさんは他の生徒が作業室に移動し、他に誰もいなくなっても、教室から移動できずにいました。「実習ファイル」を差し出して作業に行こうと誘いましたが、Cさんは手を出そうとしませんでした。なぜ「実習ファイル」を差し出されたのかがわかっていない様子でした。次に普段使用している、「作業」の絵カードと「作業室」の写真カードを示しましたが、移動しようとする様子はありませんでした。通常、月曜日は作業学習ではないので、「なんで」と思っていたのかもしれません。

　誰もいなくなったことで筆者にも焦りがあり、「作業だよ。行くよ」と手を引いたところ、Cさんに腕を噛まれました。その後、作業室に来ないCさんを探しに来た別の教員が「連絡帳」を差し出すと、「なんだ作業か」と言うように、Cさんは連絡帳を持って作業室に移動して行きました。

　このときCさんは筆者の前に立ち、筆者が何をするのかをじっと見て、一生懸命こちらの意図を理解しようとしてくれていました。「どこへ行くのか」「何をするのか」が

わからないままのCさんを教室から連れ出そうとしたのは筆者であり、表出言語をもたないCさんはそれに行動で抗議したのです。Cさんにとって作業室への移動を意味する「手掛かり」は、「作業」の絵カードでも「作業室」の写真カードでもなく、「連絡帳」だったのです。

　その生徒が意味をもって行動を起こすための「手掛かり」は何であるのかを、観察から見極める目をもつこと、観察の重要性を実感した出来事でした。また、Cさんの生活場面で「できている」と思っていた写真や絵カードの意味理解が、実は生活経験やパターンでの理解であり、表象として理解しているわけではないことを確認した出来事でもありました。この後、パターンであっても「どこへ行く」「何をする」がわかることが大切だと話し合い、「場所カード」を持って移動し、移動先の教室に掲示してある「場所カード」（図4-4）とマッチングする方法へと変更していきました。

図4-4　場所カード
（現在校のもの）

2）卒業までの残り時間で、卒業までに身につけてほしいことの達成が難しい

　卒業後の進路に向けて、「これはできるようになってほしい」と考える課題が、現在の生徒の発達段階から考えると難しい。それでも、できたほうが良い課題に取り組むべきか、本人の発達段階に合った学習を進めていくべきか。これは先生方からよく相談される内容です。

　ここで「できるようになってほしい」とあがってくる課題は、生活場面や仕事（作業）場面でのものがほとんどです。相談者の先生方には、「パターンでもできるように取り組んでみましょう」と返しています。上記で述べた内容と矛盾しているようですが、本人の発達段階をわかった上で取り組むのと、わからずに取り組むのとでは大違いです。そして、個別の課題に取り組む時間がある場合は、現在の発達段階に合った課題の中から、「できるようになってほしい」課題の土台となるように、発達を横に広げる

第4章　青年期（知的障害）

内容に取り組むことも勧めています。

事例4　客観視することで自分の間違いがわかったDさん（高等部3年生）

Dさん（知的障害、療育手帳A）は、単語で自分の意思を伝えることができ、自宅から徒歩で学校へ通っていました。保護者から「卒業するまでに公衆電話（今のように携帯電話が普及していない時代のことです）をかけられるようにならないか」という希望があり、個別の課題学習で取り組むことにしました。

数唱は1から始めれば10までできるものの、5以上の数字と数唱は一致しておらず、10桁の電話番号を覚えることは難しいと思い、Dさんのできることで電話をかけられるようにならないかと考えました。絵カードのマッチングはできていたため、まずはそれを応用して、数字と数字のマッチングに取り組みました。机上でのマッチング自体はできるものの、校内の公衆電話で実践してみたところ、どの数字がどこにあるのかを探すことが難しいということがわかりました。そこで、課題場面では3×3の位置把握に取り組み、並行して、公衆電話から自宅の母に帰宅連絡の練習をする計画を立てました。

まず、1×3の横と縦の位置把握課題を行ったところ、こちらはスムーズに行うことができたため、次に2×3に進みました。ところが、横置きでも縦置きでも見本とは位置が鏡になります（図4-5）。この問題に直面していたときに、研修会で来校した宇佐川先生に事前に撮影した課題場面を見ていただく機会がありました。

本人も同席して一緒にビデオを見ていたところ、Dさんは楽しそうに笑い出し、「間違ってる」と言ったのです。しかもビデオを指さして、「ここ　違う」と教えてくれました。この出来事はかなりの衝撃でした。宇佐川先生にも「本人わかってるよ」と言われたことをよく覚えています。

Dさんが位置を理解していることがわかったので、新たな仮説を立てて課題を見直しました。

仮説：絵カードを操作する運動が入ることで置く位置がわからなくなるのではないか。

変更した課題：見本カードの場所を見て、自分のカードの位置をポインティングする。位置記憶の課題を追加。

第Ⅰ部　幼児期、児童・青年期の発達支援

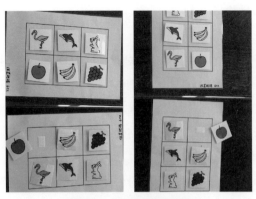

図4-5　位置把握課題
2×3では横（左）、縦（右）のどちらでも置く位置が鏡になった（教材は現在校のもの）。

　Dさんは、ポインティングでは3×3の位置把握ができるようになり、10桁の電話番号を1つずつ位置を示したカード（図4-6）にすることで、1人で電話がかけられるようにもなりました。また帰宅連絡の電話を続けたことで、卒業前には自宅の電話番号（の位置と順番）をほぼ覚え、電話番号カードはお守りとして持っているだけになりました。「課題学習で学んだことが日常生活につながった」のです。

図4-6　Dさん用の電話番号カード（イメージ）

　「できない」という結果には、その課題にどのような要素が必要であり、その子がどの要素でつまずいているのかを細かく分析する必要性があると、教えてくれた生徒でした。
　また、「客観的に自分を見ることで、自分の行動をわかる子がいる」。Dさんが教えてくれたこのことは、撮影したビデオを本人に見てもらうことで、本人が自分の行動の意味を理解しているのかを教師が知るだけではなく、自分の行動が周囲からどう見えているのかを本人に理解してもうことにも役立ちました。

(2)「日常生活」と「課題学習」の両方が存在する「学校」だからできること

　生活場面で「できるようになってほしい」課題はなぜできないのか。対症療法的にで

きない課題を押し付けるのではなく、そこに発達という視点を入れることで、子どもたちが「わかないままやらされる」状況を少しでも改善できると考えます。発達の視点をもって、その課題ができるようになるためにはどういう要素が必要なのかを考えること、その上で、その子はどの段階までできていて、どの要素でつまずいているのかを見ていくことが大切だと考えています。そのためには、日常生活に混在するたくさんの要素を1つずつ外していくことが必要です。

混在するたくさんの要素を1つずつ外していくことは、日常生活場面では難しいため、課題学習場面で「できていること」と「できていないこと」を確認していきます。「できていないこと」を多く含む生活場面の課題は、発達段階を追ってできれば一番良いと考えますが、どうしてもという場合は、「できていること」を組み合わせた補助教材を用意することで、「わかりやすく」「やりやすく」ならないかを考えます。また課題学習場面で「できていないこと」に取り組み、全体的な発達のステップアップを目指します。

「できている」要素と「できていない」要素を教師がわかっていれば、日常生活場面で「これは難しいかも」「こうすればできるのでは」と、課題学習での取り組みを活かしていけると考えます。

(3) 就労を希望する生徒への概念形成

高等部3年生を7回担任した中で、特に6度目に担任した学年は企業就労希望者が多く、最終的に35人中16人が企業就労（特例子会社を含む）した学年でした。

彼らのほとんどは生活能力が高く、一見すると障害があるとはわからないような生徒たちでした。2年生から彼らの担任になり、企業就労グループ（Aグループ）の進路学習担当となった時に、彼らが希望する進路に進むためには何が必要かを考えました。

1) 自ら「働きたい」という意欲の形成を促す

それまでに筆者がかかわった企業就労者のうち、最短で辞めた生徒は2ヵ月でした。様々な要因がありましたが、最終的に本人の口から出てきたのは、「兄姉が長期休みなのに、自分は仕事に行かないといけない」という理由でした。逆に、兄姉が稼いだお金で好きなものを買っているのを見て、「自分も働いて好きなものを買いたい」と、卒業後の福祉就労からステップアップした生徒もいました。

そのような過去の経験から、表面的に見えている認知力やコミュニケーション能力だけではなく、全体的な発達から生徒の力を見ていく必要があると思い、なかでも自ら

第Ⅰ部　幼児期、児童・青年期の発達支援

「働きたい」という意欲の形成が大切だと考えました。感覚入力系にも運動表出系にも特段のつまずきが見られないこれらの生徒たちは、障害があるとはわからないような外面に比べて、内面の育ちが不十分なのではないかと考え、次の内容に取り組みました。

・自分のことを知る〜【自己像】を確かなものにする
・卒業後の生活を知る〜知ることで対応できる【知恵】を育てる
・【情緒】の安定〜新たな世界への不安の軽減

まず、「自分の意志で働く勉強をする」ことを意識するきっかけをつくろうと、2年生の初回の授業でアンケートを取りました（図4-7）。

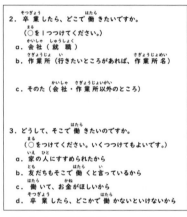

図4-7　進路学習　アンケート

このアンケートで卒業後の進路先として「会社（就職）」以外を選んだ生徒、「会社（就職）」を選んでも、「家の人に勧められた」「友達と一緒がいいから」と答えた生徒には、次回からBグループ（福祉就労グループ）へ行くように伝えました。Bグループへと伝えた生徒たちは、友達に相談したり自分で考えたりして、次回の学習時間までに「Aグループで勉強したい理由」を話しに来ました。こうして、「自分の意志で働く勉強をする」意識をもてるようにしていきました。この進路先アンケートは形を変えて3年生の4月にも行いました。その時には全員が「就職したい」に○を付け、「どうして就職したいのか」を自分で書くことができました。

さらにAグループに参加する生徒に課したことが2点あります。①進路学習には制服で参加する。②開始時間までに協力して机、ホワイトボード、ペンの用意をして着席する。遅刻者の言い訳は聞きません。もちろんこちらも遅刻するわけにはいきません。毎回の授業を通して、「自分を律する」ことを生徒たちに伝えていきました。

2）自分のことを知る～【自己像】を確かなものにする

初めに行ったのは、「自分を知る」ことです。1年生で現場実習に行っているため、全員が学校外で何らかの仕事を経験していました。そこで、仕事や作業に関することで、自分の得意（できる）と苦手（できない）、長所と短所の例を示し、自分で考えて書いてもらいました。例えば、2時間ぐらい立ち仕事ができる、細かい仕事が得意、掃除は苦手、同じ仕事は飽きる、注意を素直に聞ける、行動が遅いなどです。その後、一人ずつ書いた内容を発表してもらい、他の生徒にはその生徒の良いところを発表してもらいました。

自分の考える「自分」と他の人が見ている「自分」が同じなのか違っているのか。このことを知る内容は、形を変えて何度も行いました。特に現場実習の振り返りでは、「自分の評価」と振り返りで言われた「実習先の評価」を生徒が書いた後に、担任に「担任の評価」を必ず書いてもらいました。自分はできたと思っていたのに評価されなかったり、またはその逆だったりと、「自分が見る自分」と「他者から見えている自分」を知ることで、「自分は何がしたくて、何ができるのか」を学んでいきました。この「自分のことを知る」学びは、後々、履歴書の志望動機や趣味・特技を書く際にも役立ちました。

3年生になると、実習にも何か所か行っているため、今までに行った実習先を1つ選んで、「お仕事ピラミッド」を書いてもらいました（図4-8）。

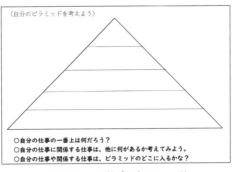

図4-8　お仕事ピラミッド

職場で自分に求められていることを考え、また様々な職種の人が会社の目標を達成するために協働していることを知ってもらうためです。友達同士でお互いの「お仕事ピラミッド」を見合う時間をとったところ、「こういう仕事もある」「ここは自分の仕事とも関係する」などと、自然発生的に話し合いが生まれました。

第Ⅰ部 幼児期、児童・青年期の発達支援

　2年生では、2回の現場実習後に必ず行った質問があります。「実習先の仕事は1年以上続けてできると思いますか」。卒業が決まっている学校と違い、就職は決まった期間がありません。「自分は何がしたくて、何ができるのか」を学んだ先として、その仕事を自分が何年も続けられるのかを考えてほしかったからです。

3）卒業後の生活を知る～知ることで対応できる【知恵】を育てる

　「自分のことを知る」勉強と並行して、「働く」ことや「働いている自分」のイメージを積み上げる勉強にも取り組みました。

　卒業後の働く場所としてどのような所があるのかを知るために、企業と就労移行支援事業所との違いを表に書き出したり、やりたいと思った仕事の求人広告を貼り、仕事内容や勤務時間、休日、給料などの項目を書き出すシートを全員が作って見合ったりしました。求人広告シートの見比べは、「給料の良いところが良い」「土日が休みが良い」などの見えやすい内容の理解から、「交通費が出る」「終わりが遅い」などの内容の気づきに発展しました。

　障害者就業・生活支援センターの方を招き、高等部の就労希望者向けに、そもそも企業で「働く」とはどういうことか、企業が求める人材とはどういう人か、働く上で大切なことは何かなどを話していただく講演会を実施し、振り返りの時間をとって生徒たちと内容を確認しました。教師ではない方の話は、実習での経験しかもたない生徒たちに、説得力をもって届いたと思います。

4）働くことでできること（自己実現）～夢をことばにする

　地区の障害者就労支援センターや中核地域生活支援センターの方をお招きして、「金銭管理～給料の使い方」のワークショップも行いました。

　「もらったお給料を何に使いたいか」と聞かれると、「携帯電話に○万いる」「洋服代は○万」「ゲームを買う」「友達と遊びに行く」と、次々とやりたいことが出てきます。ここで講師から各グループに10万円の模擬紙幣と「生活費」「こづかい」「貯金」の枠が書かれた模造紙が渡され、ワークショップスタートです。生徒たちが使いたいとあげたことは「こづかい」に入ります。あるグループは「こづかい」に6万、「生活費」が1万、「貯金」が2万でした。「貯金もしてるし良いよね」と満足げなところに、講師から「生活費に4万円」の指示。「えー。全然足りないよ！」と悲鳴があがりました。

　家庭環境や本人の考え方で、給料の使い方は全く違います。グループでの話し合いを通して、「自分はこうしたい」だけではなく「そうするのも良いかも」と考える様子が

見られました。

　彼らへの最後の課題は、《就職したらやりたい50のこと》でした。「服を買いたい」「テーマパークへ行きたい」「ひとり暮らしがしたい」など、いろいろな「やりたい」が出てきました。そのうち10個を授業で書いてもらい、後は卒業後の宿題としました。ことばにしたり書いたりしたことを実現できるよう、卒業後の「生活」を楽しんでほしいと願ったからです。

　この時の生徒たちにとって良かったことは、同じ目標に向かって勉強する仲間がいたことと、具体的で身近な目標となる2年生で就労した2名の友達がいたことです。親や教師には言えない心配事を相談したり、みんなと話して解決方法を見つけたり、一足先に社会人になった友達に現実を聞いたりすることができました。3月、Aグループは全員が企業就労（特例子会社を含む）を果たして、卒業していきました。

(4) 卒業後も成長は続く

　卒業後の生徒との付き合いで感じることは、「短期間の社会人生活で、子どもたちは在学中の何倍も成長する」ということです。

　慣れ親しんだ居場所を変えることは、知的障害のある子どもたちには大きな負荷になります。活動場所も支援者も友達も、周りの環境が全て一変する「卒業」は、子どもたちにとって今まででの人生で一番大きな危機でもあります。しかし卒業という強制的な危機は、ある種「感覚と運動の高次化理論」で述べられている「質的転換」を起こさせるきっかけにもなるのではないかと考えます。

　教師は学校が終わると発達に則した学びも終わると考えがちですが、卒業後に彼らが何倍も成長していることを考えれば、「高等部だから」「3年しかないから」と考えずに、子どもたちの個人内差を理解し、発達の横の広がりを支援する必要があると考えます。卒業後も彼らの成長は続いていくのです。

文献
宇佐川浩（2007）障害児の発達臨床Ⅰ　感覚と運動の高次化からみた子ども理解．学苑社．

佐川千栄

第Ⅰ部　幼児期、児童・青年期の発達支援

第5章
児童・青年期
（重複障害、重度・重複障害）

「この子はずっと寝たきりで、見えているのか？　きこえているのか？　話がわかっているのか？　全くわかりません……」ということばを、筆者が特別支援学校の学習活動や教育相談などの場面で相談をよく受けました。また、「この子は、ことばが伝わらずずっと動きっぱなしで、眼を指で押したり、補聴器を投げたりもします……」という相談場面もありました。

重複障害ということばは一般的にも使われていますが、人間理解型発達臨床的視点から子どもたちを見つめ、かかわっていくことが療育や教育の手がかりになると考えます。本章では、重複障害児、重度・重複障害児への発達支援について述べていきます。

1　重複障害の概要

（1）重複障害とは

重複障害を学校教育の観点から見ていくと、学校教育法施行令第22条の3に規定している視覚障害者、聴覚障害者、知的障害者、肢体不自由者、病弱者の障害を複数併せ有する者としています。また、現行の特別支援学校学習指導要領総則編（小学部・中学部）第2章第8節の重複障害者などに関する教育課程の取扱いにおいて、視覚障害者、聴覚障害者、知的障害者、肢体不自由者、病弱者の障害を複数併せ有する者に加えて、言語障害、自閉症、情緒障害などを併せ有する場合を含めて考えて良いとあります。

一方で、障害種別を障害の程度の視点から大きく分けると、視覚障害は全盲・弱視、聴覚障害はろう・難聴、知的障害は最重度・重度・中等度・軽度、肢体不自由は身体部位からの視点では上肢・下肢・体幹など、原因では脳損傷系・非脳損傷系、病弱では重複障害に関連する疾患は非常に多くあります。さらに言語障害や自閉症、情緒障害などを含めるとなると障害の重なりの様相はとても多様になります。

具体的には、以下のような例があげられます

　　視覚障害と聴覚障害：全盲、弱視とろう、難聴の4通り

視覚障害と知的障害：全盲、弱視と軽度、中等度、重度、最重度の8通り

知的障害：軽度、中等度、重度、最重度と

肢体不自由：身体部位（上肢、下肢、体幹など）と原因（脳損傷系、非脳損傷系）

言語障害と他障害、自閉症と他障害、情緒障害と他障害

視覚障害と知的障害と肢体不自由

知的障害と自閉症と情緒障害など………

そのため、複数併せ有する障害の種類と程度などについて医療情報や生活環境、学習経過などを元に確認していく必要があります。その上で、**表5-1**を活用しながら、子ども一人ひとりについて把握していくこととなります。なお、**表5-1**はわかりやすく示すために簡便なものとしています。

表5-1　多様な障害の組み合わせ（筆者作成）

		視覚障害	聴覚障害	知的障害	肢体不自由	病弱	言語障害	自閉症	情緒障害
視覚障害	全盲	■							
	弱視	■							
聴覚障害	ろう		■						
	難聴		■						
知的障害	最重度			■					
	重度			■					
	中等度			■					
	軽度			■					
肢体不自由	身体部位（上肢，下肢，体幹）				■				
	原因（脳損傷系，非脳損傷系）				■				
病弱	疾患A					■			
	疾患B					■			
言語障害							■		
自閉症								■	
情緒障害									■

（2）重複障害の在籍児童生徒数

文部科学省特別支援教育資料（令和4年度）によると、特別支援学校幼稚部、小学部、中学部、高等部の重複学級に在籍している幼児児童生徒は合計で14,822学級、37,626人です。単一障害と重複障害の合計では、37,119学級、148,635人となってい

第Ⅰ部　幼児期、児童・青年期の発達支援

表 5-2　特別支援学校（学部別）における重複障害の学級と幼児児童生徒数（文部科学省，2022 をもとに著者作成）

学　部	学級数	幼児児童生徒数	割合（％）
幼稚部	55	115	0.3
小学部	6,390	16,337	43.4
中学部	3,915	9,672	25.7
高等部	4,462	11,502	30.6
重複障害	14,822	37,626	25.3
単一障害・重複障害 合計	37,119	148,635	100.0

表 5-3　特別支援学校における主な重複障害の種類と学級数および在籍幼児児童生徒数（文部科学省，2022 をもとに著者作成）

障害の種類	学級数	幼児児童生徒数	割合(％)
知的障害・肢体不自由	6,764	17,128	45.5
知的障害・病弱	2,703	7,049	18.7
知的・肢体・病弱	2,742	6,990	18.6
聴覚障害・知的障害	443	956	2.5
視・知・肢・病	290	776	2.1
聴・知・肢・病	268	748	2.0
重複障害 合計	14,822	37,626	100.0

ることから、重複障害の幼児児童生徒数は全体の 25.3 ％にあたります（**表 5-2** 参照）。

　また、重複障害の種類からみていくと、主な重複障害の種類と学級数、在籍幼児児童生徒数は**表 5-3** のようになります。

(3) 障害の重要度の判断

　佐藤（2022）も述べていますが、重複障害は複数の障害を併せ有しているため、それぞれの障害の重要度を判断していくことになります。1 つ目は、主障害と副障害の判断です。主障害を決める明確な診断基準はありませんが、日常生活や学習活動などの困難性を主として支援・指導することを考慮して、重要度が高い方を主障害と判断している場合が多くあります。例えば、視覚障害と知的障害を併せ有している児童に対して、見えにくいために学習や日常生活に困難性が高くなっている場合には、主障害を視覚障害とします。一方、知的能力や社会性、コミュニケーションの指導や支援をしていく場合には、主障害を知的障害とします。

第 5 章　児童・青年期（重複障害、重度・重複障害）

　重要度の 2 つ目は、主障害による随伴障害の判断です。特に、肢体不自由（脳性まひなど）による 2 次的な障害が表れる場合に用いられます。筆者も肢体不自由特別支援学校で教員をしていた時に、随伴障害が現れている児童生徒が在籍していました。脳性まひと視覚障害を併せ有している場合、視覚認知や記憶などに障害がある子どもがいます。図と地の弁別や△や□などの物の弁別が困難であったり、視覚記憶が残らなかったりと、困難性が非常に高い子どもの指導を行ったことがあります。また、脳性まひと聴覚障害、言語障害の場合、口腔や舌、咽頭などの動きが難しいため、ことばや発声の指導、摂食指導などを丁寧に進めていったことがあります。

　主障害と副障害、随伴障害については、教員・支援者だけの経験や思い込みで判断するものではなく、子どもの主治医を中心とした医療機関と正確な情報を共有した上で進めることが肝要です。肢体不自由特別支援学校を見学した際、重度・重複障害児の授業場面で、「この児童は、医師は『見えていない』と言っていますが、私は見えていると思います」と断言した担任教員と話をする機会がありました。視覚障害教育を専門に研究している筆者にとっては、非常に驚き唖然としました。「脳性まひの上、両眼とも未熟児網膜症による網膜剝離のため視力 0」という診断があったにもかかわらず、見えているという根拠が全く理解できませんでした。学校教員の熱い思いや願いはとても大切なことではありますが、専門職で国家資格をもつ医師の診断に対して医師資格のない教員が診断すること自体が越権行為となります。それ以上に、視覚を使った学習内容を取り入れ、1 学期間ずっと指導してきたことに対する子どもの学びを考えると胸が痛みました。弱視児の代表的な見え方（図 5-1）、難聴のきこえの程度（表 5-4）にありますように、見え方、きこえ方はとても多様です。医療情報を把握した上で、人間理解型発達臨床的視点から見ていくことの重要さを痛感した見学となりました。

図 5-1　弱視児の代表的な見え方の例（筆者作成）
京成パンダマスコットキーホルダー使用

第Ⅰ部　幼児期、児童・青年期の発達支援

表 5-4　難聴の程度分類と音の大きさ（日本聴覚医学会, 2014 をもとに筆者作成（渡邉, 2023））

難聴の程度	聴力レベル	会話の反応例	日常生活の音
正常聴力	25dB 以下	・普通の会話は問題がない ・ささやき声を聞き取れる	・木の葉がふれあう音 ・深夜の郊外
軽度難聴	25dB 以上 40dB 未満	・小さな声や騒音下での会話が聞き取れなかったり、聞き間違えたりする ・テレビの音を大きくする	・静かな図書館 ・静かな住宅地（昼）
中等度難聴	40dB 以上 70dB 未満	・普通の会話が聞き取れなかったり、聞き間違えたりする	・チャイムの音 ・静かな自動車 ・掃除機の音
高度難聴	70dB 以上 90dB 未満	・大声の会話でも正しく聞き取れない	・ピアノの音 ・セミの声 ・地下鉄の車内
重度難聴	90dB 以上	・叫び声でもほとんど聞き取れない	・ドラムの音 ・自動車のクラクション ・飛行機の爆音

事例 1　視覚障害と聴覚障害、自閉症を併せ有する A さん（高等部 2 年）

　A さんは、聾学校の高等部 2 年生で重複障害学級に在籍しています。平均聴力が 120dB（両耳、裸耳）で補聴器装用の聴力が 90dB であるため、装用効果はかなり難しい状態です。難聴の程度は最重度（聾）で、近くで鳴っている大きな太鼓を振動でわかる程度のきこえです。また、自閉症に加え、アッシャー症候群[*1]の診断を併せて受けています。

　A さんの自立活動を担当し、実態把握（教育的視機能評価、聴力測定、認知発達など）と環境設定に加え、進行していく見え方の変化への対応と卒業を踏まえたコミュニケーション方法の検討を進めました。指導開始時の見え方は、視力 0.8（裸眼・両眼）、視野 50°（両眼）程度、羞明（まぶしさ）がありました。使用する文字は、ひらがなと小学校 1～2 年生で学ぶ漢字程度でした。今後見えなくなっていくことを予想して、通常文字（墨字）から点字導入前の触察[*2]学習を進めていくことにしました。環境設定として、網膜色素変性症の眼疾患と教育的視機能評価により、羞明（まぶしさ）を軽減するために教室のカーテンを閉め、使用文字サイズや教材の色合いにも留意しました。

　使用した代表的な教材は、図 5-2、図 5-3 になります。触察が行いやすいように、

[*1]　アッシャー（Usher）症候群：難聴に網膜色素変性症を伴う症候群性の疾患です。難聴の程度は中等度～重度難聴までと幅広く、先天性に発症する場合がほとんどです。また、網膜色素変性は遅発性に発症し、徐々に視野狭窄が進行して失明となる例が多いです。

第 5 章　児童・青年期（重複障害、重度・重複障害）

形の特徴を出すためにはめ板の角を丸めないようにしたり、終点がわかるようにはめ板と枠を同じ高さに揃えたりと、工夫しました。また、リベット差しは、手指の操作性、縦横の位置把握、点字導入を目指すことができるように、ステップ可変型としました。

　人の情報は、多くが視覚や聴覚から得ています。聞こえていないだけでもとても困難ではありますが、自閉症を併せ有する生徒が徐々に見えなくなっていくことを想定しながら残り少ない学校生活での授業計画を考えることは、非常に難しいと実感した指導・支援となりました。

図 5-2　ステップ可変型構成はめ板（筆者作成）

図 5-3　リベット差し（筆者作成）

2　重度・重複障害の概要

(1) 重度・重複障害とは

　重度・重複障害を学校教育の観点から見ていくと、重複障害より時代が遡ります。
　「重度・重複障害児に対する学校教育の在り方（報告）」（特殊教育の改善に関する調査研究会，1975）による報告では、重度・重複障害を、①学校教育法施行令第 22 条の 2（現行の 3）に規定する障害を 2 つ以上併せ有する者、②発達的側面からみて精神発達の遅れが著しく、ほとんど言語を持たず、自他の意志の交換及び環境への適応が著しく困難であって、日常生活において常時介護を必要とする程度の者、③行動的側面からみて、破壊的行動、他動傾向、異常な習慣、自傷行為、自閉症、その他の問題行動が著しく、常時介護を必要とする程度の者と規定しています。この報告は、1979（昭和 54）

＊2　触察：触覚により丁寧に観察すること。

年養護学校教育の義務制実施前の定義となります。

これらの中から中山（1978）は、重度・重複障害児を教育指導の面で身辺の処理や社会的適応が極めて困難であり、教育指導の困難障害児群として示しています。また、教育的見地から、障害が重く、教育困難な臨床像を示す子どもの障害の状態につけられた呼称であり、大別すると三つのタイプに分けています。

A. 重度精神薄弱＋他障害
B. 重度肢体不自由＋他障害
C. 盲、聾、精神薄弱（A以外）、肢体不自由（B以外）、情緒障害、てんかん等二種類以上の障害を合併する

一方、1947年に制定された児童福祉法第7条2節においては、重症心身障害児を重度の知的障害及び重度の肢体不自由が重複している児童として定義しています。1999年の学習指導要領に重複障害者を規定するようになりましたが、重度・重複障害については特に触れていません。

いずれにしても重度・重複障害は、重度の知的障害もしくは重度の肢体不自由に他の障害を併せて有している場合が中心となっていると言えます。

事例2　重度の知的障害を有するBさん（小学部3年）

Bさんは、知的障害特別支援学校の小学部3年生で重複障害学級に在籍しています。自分の教室でも落ち着かずに動き回ることが多く、同じ学年の先生がかかわると気持ちが混乱してしまうことが多く見られました。そこで、担任の先生を中心にかかわるという固定した関係をまず大切にすること、教室内の視覚刺激を減らすように掲示物を減らすことなど、人的・物的環境を整理しました。また、自立活動の個別学習の時間では、決まったことばかけやわかりやすい教材の選定、教材の順番を固定するなど、ルールや見通しがわかりやすくなるように工夫しながら進めました。ある日の個別学習の時間に、教室を暗くして光るライト（図5-4）を提示するとゆっくり見つめることがありました。固定した先生がかかわることでBさんが安心したようで、教室を少しずつ明るくしていき、椅子に座った姿勢で光が反射するボール（図5-5）を持って机上で転がすようになりました。

この取り組みでは、決まった先生とかかわることでBさんにとってことばかけや教材の働きかけがシンプルでわかりやすくなったようです。また、視覚刺激を調整することで情報が整理でき、必要な情報を抽出できたように思います。様々な先生とのかかわりや明るい環境も大切な場面もありますが、Bさんが混乱する様子を人間理解型発達臨

第5章　児童・青年期（重複障害、重度・重複障害）

床的視点で考えていくことでヒントが得られるようになりました。

図5-4　光るライト

図5-5　光が反射するボール

事例3　重度の知的障害と肢体不自由を併せ有するCさん（小学部5年）

　Cさんは、肢体不自由特別支援学校の小学部5年生で重複学級に在籍しています。乳児期に知的障害と脳性まひの診断を受けています。日常の簡単なことば（トイレ、ごはん、自分の名前など）は理解しており、視線が合いにくいながらも相手に顔を向けてうなずいたり、顔を横に振ったりして自分の気持ちを伝えることが増えてきました。疾患の関係で、姿勢が崩れやすく、物を見たりつかんだりすることを苦手にしている場面がよくありました。そこで、自立活動（個別学習）の時間に、仰向けの姿勢で身体の緊張を緩めた後に、座位保持椅子に座るようにしました。そして、手指のマッサージを行ってから、乾電池入れ（単2）（**図5-6**）や注視・追視（**図5-7**）などの学習を進めました。乾電池入れの教材は、枠が付いているのでつかんだ電池が教材から外れにくくなっており、教材が縦方向や横方向のどちらでも乾電池を入れるようになってきました。注視・追視の練習では、部屋を少し暗くして顔と同じ高さで視距離1メートルになるように教材をセットしてから行いました。光の気づき具合や視線が動く様子などを見ながら、色や点滅するスピード、光が移動するスピードなどを随時調整するようにしました。顔を動かして見たり、眼球だけを動かしたり、動く光に気づくことが増えてきました。

　この学習では、脳性まひの疾患を十分配慮しながら、手指を動きやすくなるように姿勢に十分配慮していることが前提となりました。肢体不自由の子どもたちの多くは、すぐに座って学習を進めることが難しいです。そのため、日々変わる身体の緊張具合や、姿勢を保持する時間、呼吸・心拍数などを見ていく大切さを子どもたちから教えてもらいました。また、子どもの体調や様子を見ながら、座位保持椅子、横向きに寝た姿勢（側臥位）、うつ伏せなど、姿勢づくり（ポジショニング）を柔軟に変えていくことの重

要性を実感した学びとなりました。

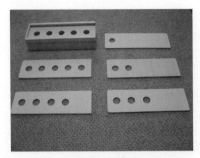

図5-6　ステップ可変型乾電池入れ（筆者作成）

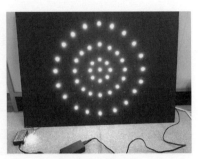

図5-7　注視・追視教材（筆者作成）

（3）アセスメント

　知能検査にはWPPSI、WISC、WAISといったウェクスラー式知能検査や田中ビネー検査など、発達検査には新版K式発達検査や津守式乳幼児精神発達診断法などがアセスメントとしてよく使われているかと思います。重複障害児、特に重度・重複障害児の場合、上記のようなアセスメントを用いることが非常に困難な場合が多い状況です。重度・重複障害児の障害の状態を示す基準として「大島分類」が多く使われています。大島分類は、知的障害（IQ）や肢体不自由（運動機能）の程度の視点から、重症心身障害児を重症心身障害児、周辺児、動く重症児に分類されます（大島，1971）。

　また、超重症児と呼ばれる子どももいます。従来の重症心身障害児と比較して、呼吸管理を中心とした継続的な濃厚医療、濃厚ケアを必要とし、モニタリングやこまかな観察、人員を要し、病状が急変しやすい子どもたちです。超重症児についても超重症児スコアなどにより判断基準や分類が示されています（大村，2004；鈴木他，2008）。

（4）重度・重複障害児の初期学習

　療育や特別支援教育の現場では、樋口・三島・児山（2015）や緒方（2014）が示しているように、肢体不自由特別支援学校に在籍する重度・重複障害児への教育的支援において、実態把握や学習内容・評価のあり方などに課題があります。そのため、重度・重複障害児の初期学習を考える際に、エビデンス（根拠）となる理論があると療育施設の職員や特別支援学校の教員などが活用できると考えます。

　そこで、重度・重複障害児の学習についての研究を長年進めてきた中島（1977）の「人間行動の成りたち」から初期学習[*3]を支える理論の外観を紹介します。中島は、宇

第 5 章　児童・青年期（重複障害、重度・重複障害）

佐川が感覚と運動の高次化理論を構築していく際に、非常に大きな影響を与えた方でもあります。

中島（1977）による「人間行動の成りたち」は、重複障害教育は人間行動のより深い理解に基づき、「工夫する教育」「考える教育」であり、全ての教育の礎であるという視点に立っています。人間行動の成りたちでは、学習を初期学習、概念行動の基礎学習、記号操作の基礎学習という 3 つの段階に設定しています。さらに、ヒトの初期学習においては、①感覚の障害、②初期の感覚と運動、③感覚の芽生えと運動の自発、④目の使い方と手の動かし方、⑤行動の原動力の視点を重視しています。人間行動の原動力の視点においては、外界を知り、理解し、構成する喜びと人と接し、純粋な人間関係が成立する喜びがあるという基本的な喜びとして、人とのかかわりを重視しています。

また、柴田（1985）は、「人間行動の成りたちの道すじ」を、①仰向けから体を起こすまで、②手の運動の始まり、③視覚による手の運動の統制の始まりについて、主体の機能と主体による外界の構成の 2 つの側面から実践的なかかわりの中で具体的にまとめています。一方、進（2015）は人間行動の成りたちの視点から知的障害児の初期学習の方法や教材について論じており、感覚（視覚、盲児の場合触覚）と運動（手）の関係では、①拮抗する感覚と運動、②運動を追う感覚、③運動を同調する感覚、④運動を先取りする感覚が考えられるとしています。

中島による「人間行動の成りたち」は、重複障害教育研究所における教育実践の中核であると考えます。感覚と運動の高次化理論においても、初期段階の第Ⅰ層（初期感覚の世界）にある子どもたちへの発達支援は、「人間行動の成りたち」と共通するところが多いと思います。

(5) 重度・重複障害児の初期学習理論

筆者は、肢体不自由特別支援学校（病弱含む）で教育実践を行っている中、肢体不自由がある重度・重複障害児の学びをどのように教職員とわかりやすく進めていったらよいか、日々悩んでいました。そこで、中島の「人間行動の成りたち」や宇佐川の感覚と運動の高次化理論の初期学習の特徴を踏まえた「重度・重複障害児初期学習理論」を検討しています（渡邉，2024）。

重度・重複障害児の初期学習理論は、肢体不自由がある重度・重複障害の子ども理解

---

*3　初期学習：子どものわずかな動きや表情を能動的な活動や表現として捉え、自分から意図的に外からの情報を受け止め、感覚を使って運動を起こしたり、調節したりすることで比較的長く続く行動の変化が起きること、および運動や表現を通して行動が変化していく過程（プロセス）（渡邉，2024）。

に基づいた発達的視点に立ち、療育や教育の場面で初期学習が子ども本位で進められるように検討しているものです。肢体不自由がある重度・重複障害児は、医療情報や身体的視点をもつことが前提となります。さらに、「子どもを捉える眼」を養いつつ、「子ども理解のための発達的視点（発達の構造性、全体性、意味性、可能性）と身体的視点」をもって子ども一人ひとり個別に検討を進めていきます。その上で、療育や教育の学習場面における内容や評価を検討し、学習後に各内容などを再構成していくものであります（表5-5）。詳細については、渡邉（2024）を参照ください。

表5-5　重度・重複障害児初期学習理論の基本的な枠組み（渡邉, 2024）

	重度・重複障害児の初期学習：第Ⅰ層								
感覚器官の受容の順序性	前庭感覚・固有感覚＞触感覚＞聴覚≫視覚			前庭感覚・固有感覚＞触感覚＞聴覚＞視覚			前庭・固有感覚、触感覚≧視覚・聴覚		
	Ⅰ水準：感覚入力水準			Ⅱ水準：感覚運動水準			Ⅲ水準：知覚運動水準		
実態把握	視覚の活用			視覚の活用			視覚の活用		
	聴覚の活用			聴覚の活用			聴覚の活用		
	ヘッドコントロール			ヘッドコントロール			ヘッドコントロール		
	ポジショニング			ポジショニング			ポジショニング		
	感情表現			感情表現			手先の操作性		
	人とのかかわり			人とのかかわり			感情表現		
	物とのかかわり			物とのかかわり			人とのかかわり		
							物とのかかわり		
	観点	学習内容	評価	観点	学習内容	評価	観点	学習内容	評価
学習時の観点および学習内容と評価	感覚の入力			感覚と運動の繋がり			始点と終点		
	動きと姿勢			運動表現			物の永続性		
	因果関係			刺激入力時の混乱			手の操作性		
	情動			因果関係			目と運動のつながり		
				終点の理解			耳と運動のつながり		
				情動			情動		
				大人とのやりとり			人とのやりとり		

（6）医療的ケア

重度・重複障害児の学習を考える際、医療的ケアの情報は必須のものとなります。医療的ケアを必要とする幼児児童生徒が医療や療育、教育現場で年々増えてきています。医療的ケアとは、人工呼吸器による呼吸管理、喀痰吸引その他の医療行為をいいます。医学の進歩を背景として、NICU（新生児特定集中治療室）などに長期入院した後、引き続き人工呼吸器や胃ろうなどを使用し、たんの吸引や経管栄養などの医療的ケアが日常的に必要な医療的ケア児が増えてきています。医療的ケア児は、肢体不自由や知的障害に医療的ケアが必要な子どもだけでなく、知的や肢体に障害がなく内部障害などにより医療的ケアを必要としている子どももいます。現在、在宅での全国の医療的ケア児数は、推計で約2万人います（図5-8）。

第 5 章　児童・青年期（重複障害、重度・重複障害）

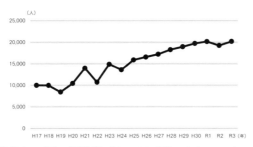

図 5-8　在宅の医療的ケア児の推計値（0～19 歳）　（厚生労働省, 2024 をもとに筆者作成）

　また、文部科学省による令和 5 年度学校における医療的ケアに関する実態調査によると、特別支援学校に在籍する医療的ケア児の数は 8,565 人（**図 5-9**）、幼稚園、小学校、中学校、高等学校に在籍する医療的ケア児の数は 2,199 人（**図 5-10**）となっています。

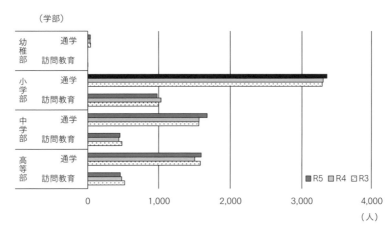

図 5-9　令和 5 年度特別支援学校に在籍する医療的ケア児の数（学部別）
（文部科学省, 2024b をもとに著者作成）

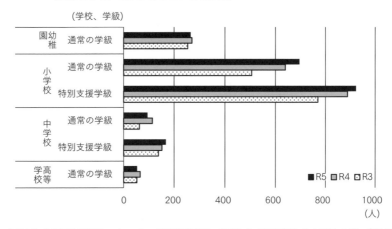

図 5-10　令和 5 年度幼稚園、小・中・高等学校に在籍する医療的ケア児の数（学校の種類別）
（文部科学省, 2024b をもとに著者作成）

このような医療的ケア児に対して、心身の状況などに応じた適切な支援や家族支援を受けることができるように、2021年に「医療的ケア児及びその家族に対する支援に関する法律」が成立しました。医療的ケア児の日常生活・社会生活を社会全体で支援することはもちろん、個々の医療的ケア児の状況に応じて、多様な教育の場に在籍する幼児児童生徒が切れ目なく教育を受けられるように最大限に配慮しながら適切に支援していくこととなります。

事例4　医療的ケアを必要とし、視覚障害と知的障害、肢体不自由を併せ有するDさん（高等部2年）

　Dさんは、病院併設の肢体不自由・病弱特別支援学校の高等部2年生で重複学級に在籍しています。乳児期に重度の知的障害と四肢体幹機能障害、未熟児網膜症による視覚障害（光覚弁：光の有無が分かる程度）、心臓疾患、てんかん発作の診断を受けています。また、呼吸が安定しないため器官切開をして人工呼吸器を24時間使用しています。日常的に医療的ケアを必要とし、学校でも担任の先生が同席した上で看護師による人工呼吸器の呼吸管理、喀痰吸引、胃ろうによる経管栄養、薬の服用などを行っています。Dさんにことばをかけると表情の変化による応答はありますが、家族や担任の先生がわかる程度で、Dさんをよく知らない人ではわからない場合が多いです。姿勢は基本的にはストレッチャー式の車いすによる仰向けが中心で、体調が落ち着いていれば背もたれの角度を変えて身体を30度くらい起こすこともあります。
　そこで、自立活動の個別学習の時間では、難聴の診断はありませんので、聴覚や固有感覚への働きかけを中心に行いました。学習中も看護師が同席して、酸素飽和濃度、心拍数、人工呼吸器関連の数値などをモニターで確認しています。手のひらや指などを使って先生と一緒に洗濯板ビーズや洗濯板スネアワイヤー（図5-11）を触ることよりも、スイッチを先生と押して曲をかけて聞いたり（図5-12）、先生と手首で押して振動を出したり（図5-13）することの方が目を端に寄せたり、口元が緩んだりすることが多くありました。しかし、体調や姿勢などによって、人や教材への受容や応答に変化がありますので、教材の優位性は簡単につけられるものではありません。
　Dさんの学習活動は、家庭、医療との連携があってはじめて行われることになりますが、体調管理や姿勢づくり（ポジショニング）、表情の読み取りなど、非常に高い専門性が問われます。そのためにも、子どもからの情報、サインを見逃さないことが重要となってきます。医療的な知識に加え、学校での学びを考える際には、感覚と運動の高次化理論や「人間行動の成りたち」のような人間理解型発達臨床的視点がとても重要に

第 5 章　児童・青年期（重複障害、重度・重複障害）

なると考えます。筆者も肢体不自由特別支援学校で教員をしている際、系統的な学習内容と客観的な評価について非常に悩んでいました。そのことが現在、筆者が研究を進めている「重度・重複障害児の初期学習理論」につながってきています。子どもたちから学ぶという姿勢に立ち、教材や指導法を柔軟に変化させていくことの重要さを改めて実感しました。また、Ｄさんの体調を看護師と常に確認しながら学習を進めることの大切さに加え、高等部卒業後に楽しむことができる音楽や動画などをＤさんと一緒に見つけていくことの大切さを実感した時間となりました。

図 5-11　洗濯板ビーズ（筆者作成）、洗濯板スネアワイヤー（筆者作成）

図 5-12　スイッチと CD ラジオ（配線・筆者作成）

図 5-13　大型スイッチ教材

（正式名称：バイブレーティングライト（音楽付き）製造元：Toys for Special Children,Inc.）

（5）多様な子どもたちのインクルーシブ教育システム

　障害者の権利に関する条約の国連における採択を受け、日本においても障害者基本法の改正などが進み、教育分野においても共生社会の形成に向けたインクルーシブ教育システム構築のための特別支援教育の推進が図られています。

　文部科学省中央教育審議会初等中等教育分科会特別支援教育の在り方に関する特別委員会による「共生社会の形成に向けたインクルーシブ教育システム構築のための特別支援教育の推進（報告，2012 年）」では、共生社会の形成に向けて、インクルーシブ教育システム構築のための特別支援教育を推進していくことをあげています。具体的には、①就学相談・就学先決定の在り方、②障害のある子どもが十分に教育を受けられるための合理的配慮及びその基礎となる環境整備、③多様な学びの場の整備と学校間連携などの推進、④特別支援教育を充実させるための教職員の専門性向上などです。これらを背景に、障害がある多様な幼児児童生徒が幼稚園、小学校、中学校、高等学校などで学ぶようになってきました（図 5-14、図 5-15）。そのため、重度・重複障害児を含む、多様な障害を有する幼児児童生徒が多様な教育の場で切れ目なく学ぶことができるよう

に、教育現場で具体的に取り組んでいく必要があります。

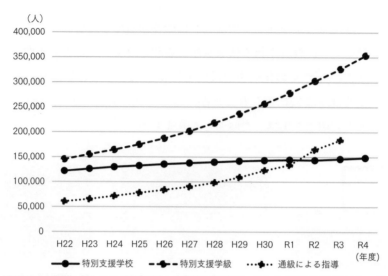

図 5-14　特別支援学校（幼小中高等部）、特別支援学級（小中義務教育学校）、通級（小中高等学校）在籍者の推移（各年度 5 月 1 日現在）（文部科学省, 2024a をもとに著者作成）

＊通級による指導（令和 4 年度分）については、「特別支援教育資料（令和 5 年度）」に掲載予定

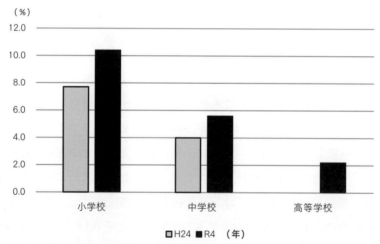

図 5-15　通常の学級に在籍する特別な教育的支援を必要とする児童生徒の状況（文部科学省, 2022 をもとに著者作成）

＊留意事項：「I．児童生徒の困難の状況」については、学級担任等による回答に基づくもので、発達障害の専門家チームによる判断や医師による診断によるものではない。従って、本調査の結果は、発達障害のある児童生徒数の割合を示すものではなく、特別な教育的支援を必要とする児童生徒数の割合を示すものであることに留意する（文部科学省 HP より抜粋）

第 5 章　児童・青年期（重複障害、重度・重複障害）

事例 5　特別支援学級に在籍する視覚障害と知的障害を併せ有する E さん（小学校 1 年）

　E さんは、小学校 1 年生で知的障害特別支援学級に在籍しています。幼児期に白内障、視神経萎縮の診断を受け視覚障害の身体障害者手帳（6 級）を持っています。また、3 歳児健診で紹介された病院にて知的障害と診断を受け、療育手帳（軽度）を持っています。弱視の見え方の状態ではありますが、知的能力や社会性などの指導を優先することを総合的に教育委員会が判断して、知的障害特別学級となりました。E さんは日常会話によるコミュニケーションは良好ですが、1 年生で学ぶ学習内容に加え、弱視による見えにくさからくる文字サイズ、文房具の選定などのほか、日常生活動作（着替え、食事、片付け）、教室移動などについても指導や支援を行うことを校内支援会議で確認しました。
　そこで、ひらがな文字の習得に向けて、自立活動では教育的視機能評価（視力や文字サイズの検討など）、算数では形態弁別や位置把握、国語ではひらがな文字の読み書きを中心に学習を始めました。自立活動の時間では、入学当初に盲学校の教育相談担当の先生と一緒に教育的視機能評価を行い、視力（両眼：0.3 程度）、羞明（まぶしさ）有りと判断されたことから、他の児童に配慮しながら教室のレースカーテンのみを閉めて明るさを調整するようにしました。そして、算数の形態弁別で黒地に白の形態、白地に黒の形態による教材（図 5-16、図 5-17；つや消し）[*4] を使用して、弁別学習に加え見え方と作業能力を確認しました。白内障という眼疾患は混濁した眼球を通して見ているためぼやけたり、まぶしかったりします。E さんも、黒地に白の形態を弁別する方が正解数、見つけ方、まぶしがりにくいなどが確認できました。
　一方、国語の授業では、自立活動で得た文字サイズ、フォントをもとに最適文字サイズによる読み書きの学習を行いました。特に、ノートの行間、罫線・枠線の太さに加え、鉛筆や定規などの文房具の選定を進めました（図 5-18）。その上で、デジタル教科書の音声読み上げ機能を用いて物語の内容を取り入れるようにしました。
　近年ではデジタル教科書の普及が進み、弱視や全盲の児童生徒だけでなく、読むことに困難をもっている児童生徒においても様々な学習を効果的に進めることが可能となりました。眼疾患・見え方に応じた学習環境・使用文字などの把握、知的障害の状態など、多面的に捉えながら子どもを見つめていくことも、人間理解型発達臨床的視点とい

[*4]　図 5-17（白黒反転効果）：白内障の疾患がある人への配慮として、一般的に光の量を調整する必要があります。つや消しの状態にある教材は、光が反射することが減り、白い文字や形が見えやすくなります。しかしながら、黒地に白の絵カードや文字カードにラミネート加工をしてしまうと、光の反射は軽減できないため逆に光が乱反射してしまい、まぶしさが増強されてしまいます。「見やすいから白黒反転」という安易な判断とならないためにも、まぶしがる子どもの様子（目を細める、手で光量を調整するなど）を見落とさないようご注意ください。

第Ⅰ部　幼児期、児童・青年期の発達支援

ってよいと考えます。

図5-16　形態弁別・B/W
（筆者作成）

図5-17　形態弁別・W/B
（筆者作成）

図5-18　見やすい文房具
（ノート：筆者作成）

事例6　通常学級に在籍する医療的ケアを必要とし、肢体不自由などを併せ有するFさん（小学校1年）

　Fさんは、超低出生体重で生まれ（1,000g 未満）ことにより肢体不自由があり、合併症として視覚障害、知的障害、てんかん、呼吸障害（人工呼吸器の使用）、摂食嚥下障害、排泄障害などがあります。そして、入退院を重ねながら6歳を迎え、就学先を検討することとなりました。保護者は「医療的ケア児及びその家族に対する支援に関する法律」の成立経緯をはじめ、インクルーシブ教育についても理解しており、地域の小学校に通う子どもたちと一緒にFさんも学んでほしいと強く願うようになりました。そして、市の教育委員会は県の教育委員会と検討を十分重ね、本人・保護者の意見を最大限尊重し、教育的ニーズと必要な支援についての合意形成を行った上で、小学校の通常の学級に学ぶことを決定しました。

　入学に向けて小学校は、市の教育委員会と協議を重ねながら在籍する通常の学級に先生を2名配置し、内1名を肢体不自由特別支援学校の指導経験がある先生としました。また、医療的ケアをはじめFさんの安心安全な学校生活を過ごすことができるように2名の看護を常時配置しました。さらにFさんの主治医と肢体不自由特別支援学校の教育相談担当、校長・教頭、学級担任2名、養護教諭、看護師などによる支援会議を開き、学校生活と学習などに関する情報共有を行いました。そして、教室や医療的ケア室などの環境整備を行い入学式を迎えました。

　入学後、1人の先生と看護師1人がFさんと一緒にいて、もう1人の先生が進める通常の教室の授業に参加しました。他の児童と同様の準じた学習内容は非常に難しいことから、時間割と同じ教科ではありますが、Fさんの学習内容に合うように進めました。なお、Fさんを指導する先生は概ね2週間程度で交代することとしました。医療的ケア

第5章　児童・青年期（重複障害、重度・重複障害）

については、事例4のDさんと同様の内容となりますが、Fさんは小学校の通常の学級に在籍していますので、教室環境については特に留意する必要があります。Fさんの入学後の様子は、ストレッチャー式の車いすに仰向けになった姿勢で過ごし、担任の先生からのことばかけに対して目を端に寄せて聞いている様子が見られるようになり、少しずつ緊張が解けてきました。体調管理や姿勢づくり（ポジション）に十分配慮しながら、算数の時間には、クラスの友達と同じ教室で小型の注視・追視教材（図5-19）を、国語の時間には先生と一緒にスイッチを押して友達の名前を聞いたり、お話を聞いたりする学習（図5-20、図5-21）を行っています。

　インクルーシブ教育と医療的ケアの法律を受けて、多様な障害がある子どもたちが小中学校、高等学校に在籍するようになってきました。合理的配慮に基づいた環境整備の充実は言うまでにもありませんが、通常の学級で学ぶことについては、やはり人間理解型発達臨床的視点に立って子どもの実態に応じた学習内容や評価を考えていく必要性を改めて考える機会となりました。

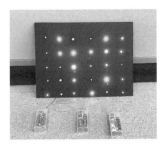

図5-19　小型：注視・追視教材（筆者作成）

図5-20　スイッチと音声スピーカー（筆者作成）

図5-21　スイッチとパソコン動画（筆者作成）

3　重複障害の学び

　以上のように、重複障害、重度・重複障害の障害の種類や程度は非常に多種多様で、学びの場も様々です。医療情報を正確に捉えた上で、客観的に実態を把握していくために、医療・教育・労働・福祉など様々な機関と連携を図りながら、過去を振り返り、現状と今後を見据えた学びを問い続けていくことが、現状に止まらず常に視野を広げ理論をアップデートしていくという感覚と運動の高次化理論と共通すると考えます。

第Ⅰ部　幼児期、児童・青年期の発達支援

文献

樋口和彦・三島修治・児山隆史（2015）特別支援学校在籍の重度・重複障害児のコミュニケーション活動における係わり手と介助者の行動．島根大学教育学部紀要, 49, 9-15.

厚生労働省（2024）医療的ケア児支援センター等の状況について　https://www.mhlw.go.jp/content/12204500/000995726.pdf（2024年10月6日閲覧）

文部科学省（2012）文部科学省中央教育審議会初等中等教育分科会特別支援教育の在り方に関する特別委員会による「共生社会の形成に向けたインクルーシブ教育システム構築のための特別支援教育の推進（報告）2012年．https://www.mext.go.jp/b_menu/shingi/chukyo/chukyo3/044/houkoku/1321667.htm.（2024年10月6日閲覧）

文部科学省（2021）小学校等における医療的ケア実施支援資料～医療的ケア児を安心・安全に受け入れるために～https://www.mext.go.jp/a_menu/shotou/tokubetu/material/1340250_00002.htm（2024年10月6日閲覧）

文部科学省（2022）文部科学省通常の学級に在籍する特別な教育的支援を必要とする児童生徒に関する調査結果（令和4年）について　https://www.mext.go.jp/b_menu/houdou/2022/1421569_00005.htm（2024年10月6日閲覧）

文部科学省（2024a）文部科学省特別支援教育資料（令和4年度）https://www.mext.go.jp/content/20240117-mxt_tokubetu01-000033566_2.pdf　（2024年10月6日閲覧）

文部科学省（2024b）文部科学省令和5年度学校における医療的ケアに関する実態調査結果（概要）https://www.mext.go.jp/content/20240623-mxt_tokubetu01-000032436_2.pdf（2024年10月6日閲覧）

中島昭美（1977）人間行動の成りたち―重複障害教育の基本的立場から―．重複障害教育研究所研究紀要, 1-2.

中島昭美（1979）課題学習とは何か．重度・重複障害児の指導技術5　課題学習の指導1．岩崎学術出版．

中山文雄（1978）重度・重複障害児の現状と今後の課題．特殊教育学研究, 16(2), 26-38.

大島一良（1971）重症心身障害の基本的問題．公衆衛生 35(11), 648-655.

大村清（2004）難病主治医の立場から．小児看護 27, 1249-1253.

佐藤将朗（2022）重複障害の理解と支援．大庭重治編著．特別支援教育の探究．ミネルヴァ書房．

柴田保之（1985）重度・重複障害児の教育に関する基礎的考察―人間行動の成りたちの基礎に立ち返って―．東京大学教育学部紀要, 25, 237-245.

進一鷹（2015）知的障がい児の教科前学習の教材と学習法．南九州大学人間発達研究南九州大学人間発達学部編, 5, 47-55.

鈴木康之他（2008）超重症児の判定について―スコア改訂の試み―．日本重症心身障害学会誌, 33(3), 303-309.

宇佐川浩（2007a）障害児の発達臨床Ⅰ　感覚と運動の高次化からみた子ども理解．学苑社．

宇佐川浩（2007b）障害児の発達臨床Ⅱ　感覚と運動の高次による発達臨床の実際．学苑社．

渡邉正人（2023）視覚障害・聴覚障害を知る．村上香奈・中村晋編著　すべての子どもに寄り添う特別支援教育．ミネルヴァ書房．

渡邉正人（2024）重度・重複障害児の初期学習理論．樋口和彦編著　重度・重複障害児の学習とは？ Vol.2, 59-83．ジアース教育新社．

渡邉正人

第 II 部

成人期、老年期の発達支援

第Ⅱ部　成人期、老年期の発達支援

第6章
成人期
（就労支援）

「Aさんには、何度も何度も教えているのに、仕事を覚えてくれないんです」

同僚からの悲痛な訴えは、障害者を雇用している事業所へ訪問した際の一コマです。まずは「何度も教えてきて苦労されましたね」と労った後、「どのように教えていますか」とたずねます。お話を聞き、「頑張って教えてこられたのですね。まずはAさんの様子を見させていただき、どのようにすればいいかを一緒に考えていきましょう」と提案します。やってきたことを否定せず、今後の支援の流れを伝えます。

2024年4月より、障害者雇用促進法による障害者の法定雇用率が一般企業で2.5％に引き上げられました。従業員40人に1人の割合で障害者の雇用が求められます。今後、2026年10月には2.7％に引き上げられます。また、事業所による合理的配慮の提供義務が、障害者雇用促進法や障害者差別解消法で規定されています。障害者本人と事業所との合意のもと、障害による特性に応じた配慮の実施が求められます。

障害者の就労支援施策は、障害者雇用促進法に基づく障害者雇用施策と、障害者総合支援法に基づく社会福祉分野での就労支援施策の2本立てで進められています。本章では「感覚と運動の高次化理論からみた生涯発達支援」の視点から、Aさんの事例のような障害者雇用における就労支援について述べていきます。

1　障害者雇用における就労支援

（1）障害者雇用の状況

障害者雇用促進法に基づく法定雇用率の上昇に合わせ、民間企業における障害者の雇用者数も増えています。2023年6月1日時点における障害者の雇用状況報告（厚生労働省，2023）によると、民間企業での障害者の雇用者数は642,178人で20年連続の増加、実雇用率も2.33％と12年連続で過去最高を更新しています。法定雇用率達成企業の割合は約半数の50.1％です。障害種別では、身体障害者の雇用が多いものの、近年では精神障害者の雇用が増えています。2024年4月からは、労働時間が週10時間以上

第6章 成人期（就労支援）

20時間未満の重度障害者も雇用率に加算されるようになりました。雇用率の引き上げや対象者の拡大に伴い、障害者雇用に対する支援ニーズのさらなる増加が見込まれます。厚生労働省（2022a）の障害者雇用・福祉施策の連携強化に関する検討会では、障害者雇用の支援者を養成するため、新しい研修の構築に向けた議論が行われています。

(2) 就労移行支援と職場定着支援

図6-1は就労準備段階から定着段階までの対象者への支援の流れを示したものです。大きく、就職前の就労移行支援と就職後の職場定着支援の2つに分けられます。

就労移行支援は、職業紹介等を行うハローワーク（公共職業安定所）、職業評価等を行う地域障害者職業センター、就労と生活の両面から支援する障害者就業・生活支援センター、就労訓練等を行う就労移行支援事業所、といった様々な機関が連携しながら就労に向けた支援を行います。障害者総合支援法の改正で2024年4月から職業選択支援が新設されたことにより、就労準備段階でのアセスメントの重要性がさらに問われます。

職場定着支援は、障害者雇用促進法によるジョブコーチ（職場適応援助者）や障害者就業・生活支援センター、障害者総合支援法による就労定着支援事業等があります。支援者が事業所に出向き、障害による特性に合わせた作業支援や職場での対人関係等の悩みごとについての相談を行います。電話やメールで相談を行う場合もあります。

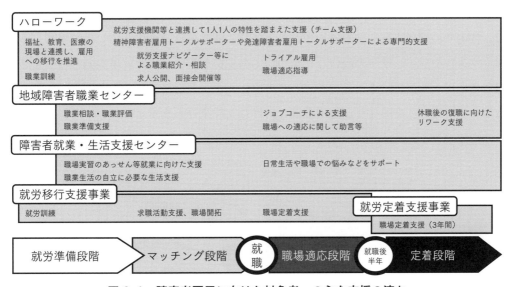

図6-1 障害者雇用に向けた対象者への主な支援の流れ
（厚生労働省，2020をもとに筆者作成）

第Ⅱ部　成人期、老年期の発達支援

　一方、仕事を続けていく上では生活面や医療面の支援も欠かせません。生活相談機関や医療機関と連携した支援が大切です。多数の支援者がかかわるため、サポートマップ（**図 6-2**）を作成し、対象者や事業所にわかりやすく役割分担を示すことが必要となる場合もあります。

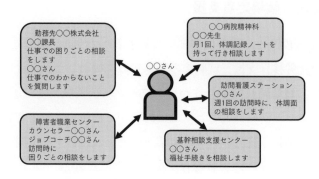

図 6-2　サポートマップの例（筆者作成）

（3）事業主支援

　対象者の就労を支える一方、受け入れる事業所側も支える必要があります。事業主支援と呼ばれています。ジョブコーチ支援では**図 6-3**に示したように、対象者への支援と事業所への支援の両方を行います。

　障害による特性が一人ひとり異なるため、事業所は任せる業務や教え方、コミュニケーションの取り方、社内周知の仕方など、わからないことばかりです。事業主支援では、社内での受け入れ体制を整えるため、任せる業務の設定や切り出し、担当者（キーパーソン）やラインケアの設定などについての支援を行います。雇用開始時には人事担当者や上司・同僚に、本人とのかかわり方を伝えます。雇用後には課題が生じた際の聞き取りや対応方法を助言し、雇用継続に向けた支援を行います。

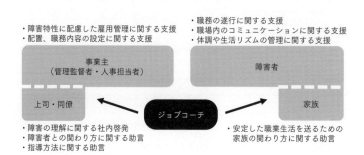

図 6-3　職場適応援助者（ジョブコーチ）による支援（厚生労働省，2022b）

2 障害者雇用の就労支援における発達的視点とは

　本著のテーマである「感覚と運動の高次化理論からみた生涯発達支援」という立場から、障害者雇用の就労支援における発達的視点について考えていきます。
　宇佐川（1989）は発達的視点からみた指導法について、人間理解型発達的視点を提唱しています。その特徴は、アセスメントからすぐに支援目標が定められるのではなく、アセスメントを翻訳しなおす「人間理解の再構成」という過程が含まれます。
　図6-4は、人間理解型発達的視点を取り入れた障害者雇用における支援を表したものです。太枠内は、いわゆるPDCAサイクルに相当しますが、人間理解の再構成という過程が含まれます。①作業観察や面談を通して得たアセスメントを、②発達的視点から人間理解の再構成を行い、③支援計画を立て、④支援を実施し、その結果から再度アセスメントを行うというサイクルです。そうしたサイクルを通して、自己理解や合理的配慮が形成され、安定した業務遂行や対人関係、そして雇用の継続へとつながります。
　ここでは、人間理解の再構成のポイントとなる4つの発達的視点について述べていきます。

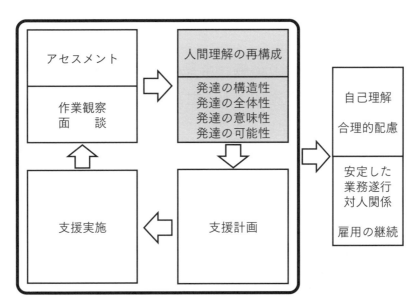

図6-4　障害者雇用における発達的視点からみた支援（筆者作成）

(1) 発達の構造性

宇佐川（1989）は、発達は直線的連続的上昇過程ではなく、ヨコの系を拡げることが、次の発達段階へというタテの系の変化（質的転換）へとつながるという発達の構造性の視点を述べています。成人期においては、乳幼児期のような劇的な構造的な変化は考えにくいものの、ヨコの系を拡げることが質的転換につながるという視点は有効となると思われます。様々な支援を通して、障害による特性への気づきが拡がり（ヨコの系）、苦手なことへの対処法や周囲に配慮してもらいたい点を整理することが質的転換（タテの系）と言えるでしょう。

事例1　見直しをしないためミスがなくならないケース

Bさん（発達障害（注意欠如・多動症：ADHD）、30代男性）は、パソコンでの事務作業を行っていましたが、ミスが多く発生し叱責され続けた結果、退職に至りました。再就職に向け、正確性を高める対処法を獲得するための支援を行うこととなりました。様子を観察した結果、作業は速いのですが、見直しをしないため誤字脱字や計算ミスにつながっていることがわかりました。Bさんは作業速度を重視しており、支援者が見直しのメリットを伝えてもすぐには納得しません。そこで、様々な見直し方法を試し、作業速度とミスの発生をグラフ化して検討することとしました。その結果、見直しをしても一般的な人の作業速度よりも速く、かつミスが発生しにくくなる方法を発見することができました。見直しの重要さに気づいたBさんは、業務の種類ごとに適した見直し方法を一覧表にまとめ、就職活動へと向かいました。

作業速度を重視するあまりミスが多く発生するというケースは、支援現場で多く見られます。Bさんの中にある「見直しすることは面倒だ」という考えが、助言を受け入れにくくしていました。

宇佐川（1989）は「質的転換につながる適度な内的矛盾の準備」の重要性を述べています。Bさんの場合、様々な見直し方法を試すという支援の結果、作業速度と正確性を両立できる方法がある、という内的矛盾が生じ、見直しの重要性に気づくという質的転換へとつながりました。

(2) 発達の全体性

就労に向けたアセスメントを行う際には、様々な検査やチェックリストが用いられます。様々なスキルを把握し、個人内差を分析することで、得意な領域を仕事に活かすと

いう考え方が一般的です。

しかし、宇佐川（1989）は、発達の全体性という視点から、あらゆる発達的な要素を羅列的に把握することではなく、それぞれの「からみあい」を考えることの重要性を述べています。得意や苦手といった領域がどのように影響しあっているのか、就業上での課題がどのような発達的要因からくるものなのか、といったつながりを意識した支援が重要と考えられます。

事例2　作業中に質問ができないため作業が進められないケース

Cさん（発達障害（自閉スペクトラム症：ASD）、20代男性）は、以前働いていた事業所において、作業中はむやみに話しかけないようにと叱責されたことから、質問することが全くできなくなりました。そのため、周囲に気づいてもらうまで作業が止まっているという状態がしばしば生じました。その結果、納期に間に合わせられないことが続いてしまい、退職に至りました。再就職に向けた支援の際、図6-5を用いて、質問する時としない時での結果の違いを整理しました。Cさんは冷静に考え、質問する時のメリットについて納得することができました。質問の仕方の練習を重ね、次の就職先へと向かいました。就職先では必要な時に質問することができ、順調に仕事を行なえるようになりました。

Cさんのケースでは、叱責されたことで質問してはいけないと思い込んでしまったことが原因でした。そのことから表出面の練習のみではなく、考え方の側面を含めた発達全体のからみあいを意識した支援が重要であったと考えられます。

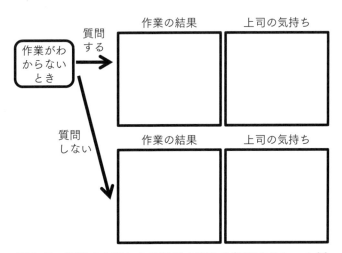

図6-5　行動の有無による結果の変化を整理するシート例
（障害者職業総合センター職業センター，2011をもとに筆者作成）

(3) 発達の意味性

宇佐川（1989）は、価値のないようにみえる問題行動であっても、きちんとした原則があり、発達的サインとして評価できるという発達の意味性を述べています。障害者雇用においても、一見無意味と思えるような行動や理解しがたい行動が多くみられます。そうした行動を単に止めさせるのではなく、発達的視点からその行動のもつ意味を捉えることが重要であると思われます。

注意すべき点として、支援者が事業所に行動の意味を説明するのみでは不十分です。事業所にとっては、障害を盾に何でも許されるという不満が生じる要因ともなりかねません。対象者が自己対処するための支援とともに、事業所側での対応法を伝える必要があります。そのことにより、対象者と事業所との合意が形成され、合理的配慮へとつながります。

■ 事例3　作業中に何度も動きが止まってしまうケース

Dさん（発達障害（自閉スペクトラム症：ASD）、30代男性）は、作業中に何度も動きが止まることが見られました。しばらくすると、再び動き出し作業を開始します。一見てんかん発作のようにみられ、事業所の人は仕事を続けて大丈夫なのかと心配するようになりました。支援者が動きを観察していると、ある原則に気づきました。作業の区切れごとに、壁時計の秒針が0になるのを待っているということです。そして業務日報に時刻を記入していました。業務日報を見ると時刻が時分までの記入方式のため、0秒になるのに合わせて作業をしていたのです。事業所とそのことを共有し、秒単位まで記入する業務日報に変更してもらったところ、動きが止まることは全くなくなりました。

Dさんは、作業の道具をきちんと整列しなければならないなど、様々な細部へのこだわりも強くみられました。業務日報には厳密に記入しなければならないというこだわりがあり、そのことが動きの止まる原因となっていました。一見意味のないように見える行動についても、行動のもつ発達的意味を捉えて支援を行うことが重要と言えます。

(4) 発達の可能性

宇佐川（2001）は第4の発達的視点として発達の可能性をあげています。発達の可能性は、どんなに重度の障害があっても、適切なアセスメントと支援によって、確実に発達していくという視点です。

第6章 成人期（就労支援）

　就職は生活面や心理面での転機となり、人生の大きな節目の1つとなります。障害のため、その節目がとても高いハードルとなる場合があります。

　学校へ通えなくなり、そのままずっと家にいて、40歳を過ぎてから初めて働き始めようとする人もいます。また、高次脳機能障害となり、それまでと異なる自分を何とか受け止めながら復職して働き続けようとする人もいます。支援者は、対象者の発達の可能性を信じ、就労を支えていくという姿勢が大切であると思います。

事例4　離職・転職を繰り返してきたケース

　Eさん（発達障害（自閉スペクトラム症：ASD）、30代男性）は、離職・転職を20回以上繰り返し、1つの事業所で長くても半年程度しか続きませんでした。Eさんが相談に訪れた際に、これまでの職歴について振り返りました。クローズ（障害を職場に伝えない）で働いてきたことにより、職種や勤務時間といった勤務条件が合わなかったことや、上司や同僚とのコミュニケーションをうまく取りにくかったことが明らかになりました。相談を通じ、Eさんの障害による特性や配慮してほしい点などをナビゲーションブック（103ページを参照）にまとめ、オープン（障害を開示）で働くこととしました。業務内容やコミュニケーションの取り方の配慮を得られることにより、働き続けることへとつながりました。

　Eさんの場合、障害による特性が変わったわけではなく、自己理解が進み、周囲の理解が図られたことが働き続けることにつながりました。もし発達的視点からの支援がなければ、状況が変わることはなく、離職・転職が続いていたかもしれません。

3　障害者雇用の就労支援における発達的視点からのアセスメント

　宇佐川（2000）は、感覚と運動の高次化の視点に基づいた発達診断モデルを表しています。モデルは、感覚入力系と処理系と運動表出系から構成されており、感覚入力系と運動表出系は視覚処理系と聴覚処理系の領域に分かれています。領域ごとに設けられた発達水準別チェックリスト（宇佐川，2001）を用いて発達水準や個人内差を評価します。

　筆者は障害者雇用の就労支援における発達的視点からのアセスメントとして、感覚と運動の高次化発達診断モデルをベースとした**図6-6**のようなモデルを考えました。受信・理解→判断・思考→送信・行動という情報処理の流れからアセスメントします。

障害者雇用においては様々な障害の方を対象とし、支援課題も様々です。しかし、どの障害においても、どのように感覚を受け止めて理解したか（感覚入力系）、そこからどのように思考し判断したか（処理系）、そしてどのように行動し伝達したか（運動表出系）という情報処理の流れは変わりません。

図6-6のモデルでは、シンプルな情報処理の流れのみ示してありますが、実際の就労場面やそれぞれのケースに対応し、必要な項目を柔軟に盛り込みながら変化させて使用します。どのような対象者においても使用可能なチェックリストがあるわけではなく、支援者の力量が問われることも確かですが、発達の構造性・全体性・意味性・可能性の視点をもち、柔軟にアセスメントと支援がなされることが大切であると思います。

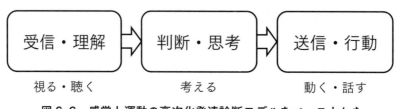

図6-6　感覚と運動の高次化発達診断モデルをベースとした
アセスメントの視点（筆者作成）

図6-7は、発達障害者に対応した情報処理過程におけるアセスメントの視点（障害者職業総合センター職業センター，2016）です。発達障害者の就労支援現場においてみられる様々な特性を整理したものです。感覚の過敏性といった感覚特性、場面や相手の立場の理解の困難さ、プランニングや思考の特性、疲労やストレス、自己や周囲の理解といった視点が盛り込まれています。それぞれの特性がどのようにつながっているか（発達の全体性）、どのような意味をもっているのか（発達の意味性）をアセスメントし、特性の気づきと対処法や周囲に配慮してもらいたい点の整理（発達の構造性）へとつなげます。

第6章　成人期（就労支援）

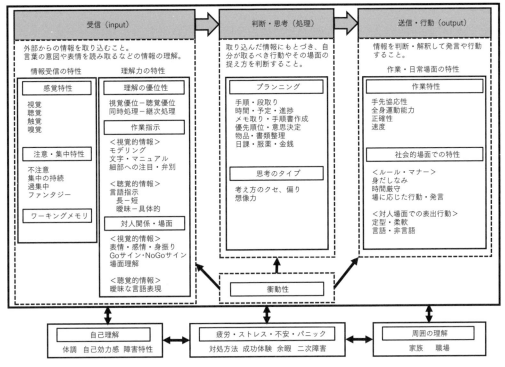

図6-7　発達障害者の情報処理過程におけるアセスメントの視点
（障害者職業総合センター職業センター，2016）

　図6-8は事例1であげたBさんの情報処理過程におけるアセスメント図です。図6-7のアセスメントの視点を元に、Bさんの課題のみに絞り込んで表したものです。矢印で特性のつながりを示し、支援ポイントを加えました。
　Bさんは、受信の特性として、視覚処理が得意で、細かな部分に気づくことができるのですが、反面、素早すぎることで、違いを見落としてしまいやすい面がありました。また、過集中の傾向があり、休憩を取らずに作業を続けてしまうことで、気がついたときにはぐったりと疲れ、集中が途切れていました。さらに、判断・思考の特性として、作業が速くできることはいいこと、「作業量＝自分の成果」という信念があり、見直しをすることは無駄という思考につながっていました。その結果、送信・行動の特性として、誤字脱字、計算ミスといった作業ミスの多さや、指摘されても見直しを全くしないことへとつながっていました。発達の全体性・意味性の視点から捉えると、表面として現れる作業ミスの多さは、得意な視覚処理とそこからつながる思考の特性、注意と疲労の特性が原因と考えられます。
　これらのアセスメントから支援ポイントとして、事例1の中で述べた発達の構造性

第Ⅱ部　成人期、老年期の発達支援

を意識した思考特性へのアプローチを行いました。一方、過集中に対するアプローチとして、タイマーを用い、一定時間ごとに休憩コーナーへ移動し水分補給をすることを実施しました。

　情報処理過程におけるアセスメントの視点は、一見、要素が多く複雑ですが、発達的視点から整理することにより、就労上の課題と支援ポイントを対象者や事業所にわかりやすく説明することが可能となります。

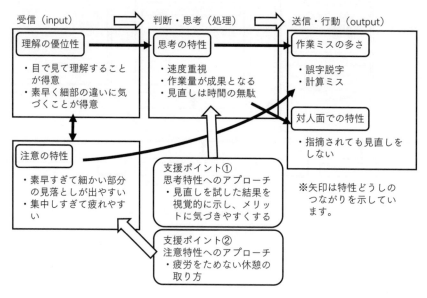

図6-8　事例1　Bさんの情報処理過程におけるアセスメント図（筆者作成）

4　障害者雇用の就労支援におけるツール例

　障害者雇用の就労支援において用いられるツールを紹介します。
　ツールを用いる時の大切な点は、ハウツー的に「〇〇障害だから」「〇〇の特性に対しては」と結びつくものではなく、発達的視点からのアセスメントがなされた上で用いられることです。また、対象者や事業所の状況に合わせ、ツールをアレンジしながら用いることが必要となります。

(1)　ナビゲーションブック

　障害者職業総合センター職業センター（2016）では、ナビゲーションブックの作成

を通じ、事業所に対象者の特性をわかりやすく伝える方法をあげています。ナビゲーションブックは、業務面、コミュニケーション面、健康面などの領域ごとに、得意な点や苦手な点といった特性、自己対処方法、配慮事項をまとめたものです。発達的視点からのアセスメントに基づき、対象者と支援者で話し合いながらまとめていきます。1枚のシートでまとめられることもあれば、数枚に渡り構成されることもあります。図6-9はナビゲーションブックの作成例です。

　作成する際の留意点として、①具体的な例を示し、事業所にわかりやすく記述すること、②配慮事項を一方的にあげるのではなく自己対処が述べられること、③一度作れば完成というわけではなく適宜更新されていくこと、があげられます。

ナビゲーションブック

氏名：〇〇　〇〇　　作成（更新）日：令和〇〇年〇〇月〇〇日

○ 私は、発達障害（ADHD）の診断を受けておりますが、通常の業務やコミュニケーションが可能です。ただ、障害の特性上、ご配慮が必要なこともあります。
○ このナビゲーションブックは、私の特性についてまとめ、自己対処する点、配慮していただきたい点をまとめたものです。

自分の特性	自己対処する点	配慮していただきたい点
コミュニケーションが得意です。初めての人とも緊張することなく話ができます。		ことば遣いが気になるところがありましたら、指摘してください。
同じ読みの漢字を間違えやすいです。	間違えやすい漢字リストを用いてチェックします。2回見直すようにします。	書類の最終チェックをお願いします。
指示を受けた際に理解できていなくても「はい」と答えてしまうことがあります。	指示を受けた時はメモを取り、必ず復唱します。疑問に思った点はその場で質問します。	指示内容が多いと混乱してしまいますので、ゆっくりと伝えていただけるとありがたいです。
業務の手順が抜けてしまうことがあります。	チェックリストを作成し、確認しながら業務を進めるようにします。	作成したチェックリストの確認をお願いします。
やらなければいけない業務の把握や優先順位が分からなくなることがあります。	タスク管理表を用いて、業務の把握や優先順位の確認を行います。	タスク管理表の共有をお願いします。業務の優先順位について助言いただけるとありがたいです。
業務の進め方に迷った時、自己判断になりやすいです。	迷った時は、すぐに質問・相談するようにします。	お手数をおかけしますが、質問・相談の際には対応をお願いいたします。
ミスが生じると落ち込んでしまい、さらにミスを重ねてしまいやすいです。	ミスが生じたら、まず気分転換のためコーヒーを飲むようにします。	

○ このナビゲーションブックは定期的に更新していきたいと考えております。
○ お手数をおかけしますが、更新の際には面談の実施をお願いします。

図6-9　ナビゲーションブックの作成例（筆者作成）

(2) ストレス対処整理シート

　就労継続のための重要な支援の1つがストレス・疲労への対処です。障害による様々な特性が重なることで、ストレス・疲労へとつながりやすくことがあります。発達的視点からのアセスメントに基づき、ストレス・疲労がたまりやすい状況に応じて対処法を整理する必要があります。

　図6-10は、障害者職業総合センター職業センター（2014）のリラクゼーション技能トレーニングで用いられるストレス対処整理シートの作成例です。ストレス・疲労のサインを感じた際に、様々な対処方法を試しながら、どのような効果があったかを記録します。記録に基づき、対処方法をストレス・疲労のレベルに応じて整理します。ストレス・疲労のサインは自分自身では気がつかないこともあるため、周囲の人の話も聞きながら作成することがポイントとなります。

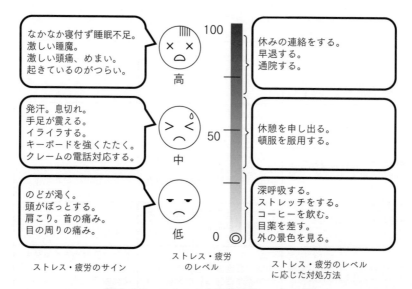

図6-10　ストレス対処整理シートの例
（障害者職業総合センター職業センター，2014をもとに筆者作成）

5　まとめ

　「Aさんがなかなか仕事を覚えられない要因について、情報処理過程の視点からまとめました。○○や○○という特性が仕事をなかなか覚えられないことにつながっていま

す。そこで、○○というやり方で進めるのが効果的と考えられます」

　冒頭のAさんの支援を開始し、しばらくしてからの関係者会議の一コマです。Aさんと事業所の上司や同僚、人事担当者を囲み、支援者がAさんのアセスメントと対処法を伝えます。Aさんからは、支援の中でまとめたナビゲーションブックを提示し、特性に対する自己対処と配慮してほしい点を伝えます。事業所からは、配慮事項の了解を得ることができました。合理的配慮が形成された瞬間です。支援の第一ステップは完了しましたが、アセスメントと対処法の再検討を重ねつつ、支援は続いていきます。

　障害者雇用の法定雇用率が上昇し、支援へのニーズも高くなっています。ハウツー的な知識による支援ではなく、発達的視点に基づいた専門的で柔軟な支援が問われます。

　感覚と運動の高次化の中の重要なキーワードの1つとして『対応』があります。対応知覚水準、対応弁別、対応記憶、対応模倣などに用いられます。『パターン』の「自分中心」「固定的」という意味に対し、『対応』は「相手や状況に合わせる」「柔軟」「即興的」という意味があります。「感覚と運動の高次化理論からみた生涯発達支援」とは、発達的視点をもちながら、対象者や環境に合わせて柔軟に枠組みを変化させたアセスメントと支援であると筆者は考えます。

文献
阿部秀樹（2022）障害者の就労支援．本郷一夫・大伴潔編　障害者・障害児心理学．ミネルヴァ書房，132-145．
厚生労働省（2020）障害者雇用・福祉施策の連携強化に関する検討会（第1回）資料2-1．障害者雇用・福祉施策の現状について．https://www.mhlw.go.jp/content/12401000/000691437.pdf（2024年12月15日確認）
厚生労働省（2022a）障害者雇用・福祉施策の連携強化に関する検討会（第8回）資料1．雇用と福祉の分野横断的な基礎的知識・スキルを付与する研修の構築に関する作業部会における議論の整理．https://www.mhlw.go.jp/content/12401000/000892218.pdf（2024年12月15日確認）
厚生労働省（2022b）令和4年版厚生労働白書―社会保障を支える人材の確保―．https://www.mhlw.go.jp/stf/wp/hakusyo/kousei/21/index.html（2024年12月15日確認）
厚生労働省（2023）令和5年　障害者雇用状況の集計結果．https://www.mhlw.go.jp/content/11704000/001180701.pdf（2024年12月15日確認）
障害者職業総合センター職業センター（2011）発達障害者のワークシステム・サポートプログラム　発達障害者のための職場対人技能トレーニング（JST）．障害者職業総合センター職業センター支援マニュアルNo6．https://www.nivr.jeed.go.jp/center/report/p8ocur00000001vf-att/support06.pdf（2024年12月15日確認）
障害者職業総合センター職業センター（2014）発達障害者のワークシステム・サポートプログラム　発達障害者のためのリラクゼーション技能トレーニング．障害者職業総合センター職業センター支援マニュアルNo10．https://www.nivr.jeed.go.jp/center/report/p8ocur00000001r7-att/support10.pdf（2024年12月15日確認）
障害者職業総合センター職業センター（2016）発達障害者のワークシステム・サポートプログラム

第Ⅱ部　成人期、老年期の発達支援

ナビゲーションブックの作成と活用．障害者職業総合センター職業センター支援マニュアル No13. https://www.nivr.jeed.go.jp/center/report/p8ocur00000001o1-att/support13.pdf（2024 年 12 月 15 日確認）
宇佐川浩（1989）感覚と運動の高次化と自我発達　障害児臨床における子供の理解．全国心身障害児福祉財団．
宇佐川浩（2000）感覚と運動の高次化からみた障害児の臨床発達評価　発達診断評価項目第四版試案とその活用原則を中心に．発達臨床研究 17 巻．3-24．
宇佐川浩（2001）障害児の発達支援と発達臨床　発達臨床心理学からみた子ども理解．全国心身障害児福祉財団．
宇佐川浩（2007a）障害児の発達臨床Ⅰ　感覚と運動の高次化からみた子ども理解．学苑社．
宇佐川浩（2007b）障害児の発達臨床Ⅱ　感覚と運動の高次化による発達臨床の実際．学苑社．

阿部秀樹

第7章
成人期

1　序に変えて

(1) はじめに

　個人的な話から始めるのも恐縮ですが、筆者が研究所で学ぶ中、教員を目指すのではなく施設志望だった理由の1つに障害をもった方の生涯学習を行いたいという気持ちがありました。施設（現在は事業所と呼ばれます）では親元などから離れて暮らし、24時間命を預かるという大切な仕事があり（最初の勤務先は入所施設でした）、また、生活の場面であることからADLの指導（当時のことばでは）をしていくことが大切なことです。

　日常的な支援が大切だからこそ利用者を理解したい。もっとゆっくり一対一で向き合う時間が欲しい、利用者が何を思い、感じ、伝えたいのかを考える時間も欲しいです。なかなかそのような取り組みができず、忸怩とした状態です（現在も同様です）。それでも、いまだに少しでも利用者の原則を知りたいという思いを細々でも持ち続けることができたのは研究所での6年間だったと思います。

　成人の事業所は（方針もありますが）、18歳から60歳を超えた方もいらっしゃいます。障害の程度や内容はもちろんのこと、利用者が抱えている問題（悩み）も生まれ育ってきた環境も誰1人同じという方はおらず、支援の方法もある人に対して見通しがもてたからといって他の人にも通じるわけではありません。10年、20年とかかわり、それこそ、「一丁上がり」の世界ではなく、私たち支援者の考え方、ありかた、私自身の人間存在が問われます。

　利用者の生活世界という多様で混沌とした世界で暮らす中、感覚と運動の高次化と自我形成を利用者だけの問題ではなく、かかわり手側の問題として、また、成人期という幅広い年齢の括りの中で自身をも含めた問題として時々考えてきたものをまとめてみたいと思います。

(2) 現在勤務している所の事業内容

本文に入る前に現在の事業内容（障害福祉サービスを中心に）について説明します。現在勤務している事業所は地域生活支援拠点等の機能を有したものであり、その中で各種事業を展開しています。「地域生活支援拠点等」とは障害者の重度化・高齢化や「親亡き後」を見据えた、居住支援のための機能をもつ場所や体制のことです。

居住支援のための主な機能は、相談、緊急時の受け入れ・対応、体験の機会・場、専門的人材の確保・養成、地域の体制づくりの5つを柱としています（図7-1）。

厚生労働省では、障害福祉計画の基本指針に位置づけて整備を進める方針を示しており、各市町村や圏域では、地域の実情に応じた創意工夫のもと、地域生活支援拠点等を整備し、障害者の生活を地域全体で支えるサービス提供体制の構築を目指しています（厚生労働省, 2019）。

当事業所は、その支援体制を構築するために複合型事業所として、①共同生活援助、②生活介護、③短期入所、④日中一時支援、⑤相談支援事業を展開しています。

図7-1 地域生活支援拠点等のイメージ（厚生労働省, 2019）

1）共同生活援助

グループホームと言われる事業です。定員は 10 名（男性 5 名、女性 5 名）です。障害者のグループホームは平日の昼間は他の事業所や就労といった活動を行い、夜は生活する場所といった住み分けをするといったものですが、数年前より、日中支援型という新しい形態ができました。これは、何らかの事情で外部の事業所に行けない方は日中も過ごすことができるというスタンスの事業所です。当事業所は日中支援型としてのグループホームです。

2）生活介護

デイサービスに当たります。自宅などから自力または送迎車を利用し事業所に通ってきます。生産活動（いわゆる賃金が発生する活動）または創作活動（余暇的なレクリエーション的な活動）、入浴サービスを提供します。受け入れ対象者は 18 歳以上の障害者となっています。事業所それぞれの特色・方針があり、生産活動を中心と行っている事業所や創作活動を中心に運営している事業所など様々です。

3）短期入所

ショートステイと呼ばれる事業になります。利用の理由を問わず（家族のレスパイト、将来的な自立訓練などを目的）一時的な宿泊を提供いたします。

4）日中一時支援

たとえが適切かは不安ですが、学童保育の成人版といったところです。学校（特別支援学校など）や日中通っている事業所が終わった後夕方までお預かりをします。

5）相談支援事業

筆者らの事業所は、相談支援事業として計画相談、地域移行、地域定着の各相談支援事業を展開しています。

障害福祉サービスは、他にも就労を目指す方への事業所、移動支援、行動援護といった居宅支援事業など利用者のもつ力と取り巻く状況に応じて様々な事業を展開しています。

第Ⅱ部　成人期、老年期の発達支援

2　出会った利用者の紹介

　障害者福祉に携わり数か所の事業所にかかわってきました。そこで出会った利用者との楽しかった思い出、つらい別れを含め筆者自身の糧になってきました。そんな中、特に印象に残った利用者のエピソードを感覚と運動の高次化の視点から解釈し、時々感じたことを以下（時系列ではありませんが）に述べます。

(1) Aさんの食事風景

　財団法人重複障害教育研究所（現公益財団法人重複障害教育研究所）第19回全国大会（1990）発表原稿並びに千葉重複障害教育研究会第1回準備大会（1993）発表より再録・再構成（一部加筆修正）したものです。

　Aさんは自ら動くことが少なく、背中を丸めて指しゃぶりをし、表情の変化もあまり見られていないように見えました。そんなAさんの生活について食べることを中心に彼女の原則を述べたいと思います。

　どんぶりの中に（彼女はどんぶりでごはんを食べています）スプーンを置くと彼女は勢いよくかきこみました。その時の手、口の使い方は、スプーンを下のほうから持ち横から口へ運びました。肘を机につき、そこを支点として腕を動かしご飯をかきこんでおり、手首は回転させませんでした。

　そこでスプーンを上から持たざるを得ない状況を作ることで、目の使い方、手（特に手首の回転）の運動の高次化を彼女の中で作り出そうとしました。筆者がごはんをすくった後、スプーンの柄が下につくように出しました。はじめのうちはなかなか手を出そうとはしませんでしたが、筆者が、スプーンを持って彼女の目の前に出すとすかさずスプーンを取ろうとした（そのときも、てのひらを上向きにして握ろうとした）ので、お盆において取るようにガイダンスをしました。すると彼女は、今度はてのひらを下向きにしてスプーンを握って食べ物を口へ運びました。その時の口への運び方は、口へスプーンを直角にして運び、手首を回転させながら食べ物を口へ入れました。そして、スプーンを離す時は手首を外側に回転させて離そうとしました。

　彼女がいすに座って手を伸ばす時は、左手をテーブル面に置き、支え手にして右手を伸ばしました。その時の目の使われ方は、最初に食べ物をちらっと見ただけで手を伸ばすと目をそらしています。手を伸ばすことによってバランスが崩れることを防ぐために、目をそらす（上半身をそらす）という原則と、運動を起こすと感覚を遮断するとい

う2つの意味があるように思えます。

　また、彼女は、肘をついてスプーンを下から持っていましたが、その持ち方に彼女の原則があるように思います。手を伸ばす、使うといっても、その中には、肩－肘－手首の回転運動が必要でありますし、また、手を伸ばした時の、足の踏ん張り、背筋の伸ばしなど、体全体のことを考えなくてはなりません。

　彼女は、なるべく関節を曲げないで使う、棒状に使うことを原則としているのではないかと考えます。つまり真っすぐ伸ばす（物理的な関節の端で止める）ことで、姿勢のバランスの崩れを最小限に押さえようとしているのではないか、そのためには肘を机に固定化することで、肘からスプーンまでを棒状にできたのではないかと思いました。

　ところがスプーンを上から持つことで、肘が机から解放され、新しい運動の組み立て方と姿勢の作り方を要求されました。その結果として彼女が起こした運動量は小さいものですが手首の回転を伴った複雑な運動でした。つまり、スプーンを下から持つ方法での手の運動は、肘を中心とした弧を描くものでありますが、スプーンを上から持つ運動は、肩・肘・手首を1本の棒にせずにそれぞれが別々に曲げられながらもまとまりをもった運動です。しかも、手首の運動は、食器から口元への直線的な運動の始まりであり、運動の方向性の芽生えといえるのではないでしょうか。そして、直線的な運動を通して、姿勢のバランス、肩・肘・手首の運動の微調整を可能としていくものと思われます。

　さらにAさんの姿勢とバランス、感覚と運動を考える時、彼女の情動の変化を見逃すことができません。つまり、Aさんは情動を使って（きっかけとして）姿勢や感覚と運動をより細かくコントロールしたり、新しい運動を組み立てているのではないでしょうか。ただし、運動のきっかけとして情動を使いましたが、単純に動機づけということばで片付けるのではなく、外界とのかかわりの中でどのように状況（周囲）を把握しているかは今後の課題です。

(2) 問題行動とは

　自分の耳を叩くという自傷の激しいBさん。直接かかわる機会は少なかったのですが、結構激しい自傷なので耳だれが頻繁に起こり、また、耳たぶの一部がちぎれしまうほどの激しいものでした。自傷を起こすきっかけは自身の思いが伝わらない時や（おそらく）耳の痛みの訴えだとは推測しましたが、自身の思い＝耳への自傷とは理として直接的につながりにくいという違和感もありました。筆者はBさんを今も時々は思い出し、何が彼にそこまでの行動を起こしたのか考えてしまいます。固有感覚への自己刺激

的な行動だけというのも違和感は拭いきれません。自我形成という視点から捉え直してみたいとも思うのですが、いまだわからないままです。

(3) ことばとは

　言語の機能として、知的活動（論理や思考）だけではなく、コミュニケーションや感性・情緒の基盤でコミュニケーションの機能があると言われています（文部科学省中央審議会答申，2008）。また、Luriaは言語には行動調整の機能があると言われてます（前田，2007）。行動調整機能とは、言語によって行動を始動したり、停止したり、調整したりする機能です。自己や他者の行動を調整するために使用され、相手に対して指示を出すことや自分自身の行動を言語で説明することができます。

　Cさんは彼自身がもっていることばに様々な意味を込めて話し、相手に的確に伝えることのできる利用者です。ある日突然筆者に「布団ジャム臭い」と言ってきました。事情をよくよく聞くと他の利用者が風邪を引き嘔吐しており、彼はその様子を見てジャムということばで表現したようでした。

　別の日、食事の準備ができて、Cさんが食堂へ入ってきた時、側にいた職員に対していきなり、「駅ビル臭い」と言ってきました。一瞬その職員は何のことかわかりませんでしたが、食堂の匂いが、ちょうど駅ビルの地下の食料品売り場の匂いに似ていることに気づいて彼の言動に感心したそうです。

　さらに別の日こと、「目にサランラップが入っている」と言ってきました。言われた職員は何のことか一瞬とまどい、あわてて彼の目の中を見たところ何も入っていませんでした。何度も同じことを繰り返し言うので、看護師に相談をしました。すると別の利用者が結膜炎に罹っており、見た目は、目の中にサランラップが入っているように見えるかもしれないと説明してくれました。

　ことばを言霊と表現する方は多いのですが、彼の言語表現を単に見立てができるというだけで解釈はできないと思います。彼の生育歴を含め、彼なりの言語・発達の意味性を考えさせられるきっかけとなりました。

(4) 作業場面での支援について

　生活介護の事業所では、作業（生産活動）を何種類か展開し作業班というかたちで利用者を振り分けているところが多いです。筆者は当時、主として木工班と農耕班を何年か担当させていただきました。

　特別支援学校でも作業学習というのを行っているというのは伺ったことがあります。

1つの作品を1人で仕上げる（いわゆる多能工－セル生産的な）やり方やそれぞれ分業してチームで仕上げる（いわゆる単能工的－ライン生産的な）やり方があると思います。それぞれ一長一短があるのですが、筆者は単能工的な取り組みを行ってきました。

筆者にとって作業は後述するように作って終わりではなく、材料の買い出しからお金の使い方までが一連の流れだと思っています（当時はそこまで考えてはいませんでしたが）。

作業は支援側が作業そのものに対する知識（農耕で言えば、畑の作り方、肥料の種類、耕運機のメンテナンス方法。木工で言えば売れ筋の製品、材料の種類、道具など）と利用者の現在もっている力を考えながら（感覚と運動の高次化の枠組みで）、工具そのものの正しい使い方（姿勢含む）の両面に精通する必要があります。

作業の知識はホームセンターや書籍類（当時はインターネット黎明期でした）で勉強し、例えばベンチ作りであれば、どのように組み立てればよいのか、利用者が組み立てしやすいような構造を考えました。

利用者への支援については現在、どのような目の使い方、手の使い方姿勢を支援すればよいのか、また、工程の説明時には目からの情報、耳からの情報どちらにアプローチをすればよいのか、という視点です。同時に集団場面でのアプローチ（利用者が傾聴しやすい場面設定と作業場所のレイアウト構成）を宇佐川先生の本を参考にしながら取り組んできました。作業場面の支援を感覚と運動の高次化から捉えなおすことで筆者はより利用者のもっている力に則した支援ができることに気づきました。

また、（今になって思えば）作業班とはいえ1つの立派な組織です。組織を運営する立場でも物事を考えなくてはなりません。そんなことを学んできました。

（5）寝たきりの利用者にも生産活動を

平成25年、前事業所を退職しました。社会福祉法人開設準備室を経て生活介護・短期入所の事業所に管理者・サービス管理責任者として着任しました。

行政などの指導の下、地域のニーズに即し重度の方を中心とした事業所運営という方向性となりました。医療的ケアといわれる方の支援に当たったのも初めてです。とはいえ、運転や入浴介助は日常的に入れても生産活動や創作活動といった日中活動（作業場面）といった支援に入ることはほとんど無かったです。

運営当初は日中活動といっても創作活動を中心、生産活動は4、5年後に少しずつはじめることができればいいかなぐらいしか考えていませんでした。

ところが、利用者の家族との立ち話で「子どもがグループホームに入居が決まった

が、障害者年金だけでは利用費でほぼ使い切ってしまう。好きな物、衣類も買えない」という話を聞きました。排泄の自立が難しい利用者にとっておむつの購入で障害者年金がオーバーするということは死活問題です。また、自身の内面を深めるための創作活動、社会とのつながりをもつための生産活動と筆者は考えていましたので、予定を前倒しにして生産活動を取り組むこととしました。

「可能であれば準備から片付けまでを利用者自らが取り組み、原材料の購入も取り入れていきたい」「可能であれば、得た賃金を渡して終わりではなく、使い方記録の付け方（小遣い帳の使い方、計算の学習など）や販売まで行いたい」など、活動は多岐に渡ります。

また、利用者（グループメンバー）によって生産活動を導入するしないは、筆者は考えられませんでした。やるからにはどんなに障害が重くても社会とのつながりを断たないために生産活動を導入することを目指しました。単に筆者のわがままで、もしかしたら（しなくても）利用者、職員に負担を強いることになるのですが、わがままを通させていただきました。

車いすを中心とした活動班がありました。ある程度自分の気持ちをことばで言える方、医療的ケアを必要とされる方、合わせて10名程度のメンバーだったと思います。活動班担当の職員からは、牛乳パックの再生紙を使ってしおり作りをやってみたいとの声があがりました。牛乳パックの手配、はがきを作るための道具を揃えてしおり作りは始まりました。しばらくして、作業風景を見に行くと牛乳パックをミキサーで撹拌している場面でした。職員が利用者の手を添えスイッチを操作しているようでした。職員は利用者に話しかけながら作業を提供していますが、本人にとってはどうも操作しづらいようでしたので、翌週2つスイッチ盤を作りました。1つはフレキシブルスイッチを使っての操作盤（図7-2）。もう1つは大きめの押しボタンスイッチを使っての操作盤（図7-3）で、ミキサーとコンセントの間に挟むと無事起動しました。

教材（ミキサーを教材というのは語弊ありますが）の工夫次第で参加できる利用者が増え、また、主体的に取り組みきっかけとなった数少ない体験でした。

余談ですが、初めてのお給料（作業支給金という言い方でしたが）は年度末の「お疲れさん会」に一人ひとり手渡しをしましたが、どの利用者さんも「やってやったぜ」のような表情、ごく一部の方はお菓子ではないんだとそっぽを向く人など様々でした。家族からの反応と言えば、「まさかうちの子がお給料をもらうなんて」と神棚に飾った方もいらしたようです。「期待を超えたサービス」というのがこの法人の理念の1つでもあるのですが、少しは理念に近づくことができたかなと思いました。

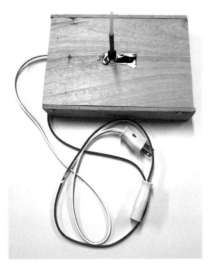 

図7-2　フレキシブルスイッチによる操作盤（筆者作成）　　図7-3　ボタンスイッチによる操作盤（筆者作成）

(6) Dさんの学習

　Dさんは当時60代の男性でした。入所される前は縁あって住み込みのところで世話をしてもらいながら仕事をされていたようです。そんなある日、余暇時間に他の利用者の算数の学習（とはいえ、主にお金の計算）をされていた際、その様子を眺めながら「わしは字をおぼえたいのぉ」の一言から始まりました。いわゆる教材と呼ばれるような物はなく、絵カードの代わりに新聞広告の切り抜きを、文字カードの代わりにコピー用紙の裏紙を使って行いました。学習そのものは残念ながら一時的なもので終わってしまいましたが、Dさんが真摯な姿で一文字一文字たどりながら勉強していく姿、また、読めない文字が出てくると「これなんて読むだったのかのぉ」とちょっと困りながらまた、恥ずかしそうにされた姿は今でも覚えています。「若い頃は勉強、大人になったら仕事、年をとったら余暇を楽しむ」というのはよく言われていることばですが、勉強（学習）というものは年齢に関係なく一生続くものであることを再確認させられました。

(7) なんで私は障害者なんですか？

　短期入所を長く利用しているEさん。昼間は他の事業所に通いお菓子作りに精を出しています。
　ある日、筆者と同僚に相談に来ました。「私は療育手帳B1（知的障害中度）を持って

いる。以前は B2（B1 よりは軽度）だったのになぜ障害の程度が重くなってしまったのか？　障害者と健常者はどこが違うのか？」。元々、自己肯定感が低く自分のことがあまり好きではない方が、障害者と言われることについては自身を否定されているような感情をもっているようです。自我が形成されるというのは一体どういうことなのでしょうか。「自身が障害をもっていることになんとなく理解はしているが納得できない、認めたくない」。「結婚をしたい、だけど、結婚ができないわけをなんとなくわかっているが認められない」など色々な意見を聞いてきました。

　別の利用者はある重度のダウン症の利用者を指さして「この子は私と同じ顔をしている。だからこの子も障害者なんだ」とあっけらかんに言っていました。また、一方で長い間自身の力などに違和感、劣等感を抱き、診断の結果障害者（いわゆる発達障害）と認定され、ほっとされた方もいらっしゃいました。

　障害者の数が増えているというという統計もあります（令和6年障害者白書）。なぜ統計上増えてきているのかは割愛しますが、いずれにしても自分で自分の障害を認め受容するという過程に感覚と運動の高次化と自我形成の視点で語ることができるのでしょうか。なかなか筆者には重い課題です。

3　残された課題

（1）重度と言われる方の自身の障害の理解と自我形成

　Erikson の生涯発達心理学はいろいろと示唆に富んだものがあります。ただ、重度といわれる利用者が、感覚と運動の高次化とともに自身の障害にいつ、どのように気づき受容していくのでしょうか。自我形成と身体というものは密接につながっているのであれば、①初期段階では自身の体に気づき、②感覚と運動の協応から意図通り動かすことができる、③自身の体の部位を理解することを通して言語発達につながるといった、それぞれの段階に応じた自我を形成していくものだと思います。そして、極めて初期の段階にいる利用者でも本人自身がどのように外界の理解し、どのように表出をしているのかという点はとても知りたいところです。柴田保之の一連の書籍には解決になるヒントがあります。筆者は経験的に自身の気持ちをことばで発しない人でも何かすごいことを考えている」ということはある程度わかっているつもりでした。しかしながら実は利用者は既にことばをもっており、豊かな世界を築いているのです。そのことを柴田の考え方に衝撃を受けております。ただ、まだ筆者は未熟で利用者一人ひとりのことばを聞く

(2) 年齢とは、CA（生活年齢）とは

　冒頭でも述べましたが、筆者が出会ってきた利用者は主として成人の方がほとんどです。育ってきた環境を含め様々な人たちばかりです。単純にIQとかMAだけでは語れない彼らの世界があります。また、健常と言われる方の発達の現象をそのまま支援につなげることは難しいです。だからこそ、宇佐川先生の感覚と運動の高次化という理論で次につなげるための支援の手立ての総論と各論が成り立ってきたと思います。成人の方に対しても本人の原則があり、感覚器官を使っての外界からの情報を入力し、運動表出という手段で外界に働きかけています。そして今いる段階（世界）を広げ深めていくとともに次の段階へ行くための原動力になるのです。その理論でかかわってきた本人の世界を垣間見ることができました。それでもどこか違和感を感じるのは年齢というものです。例えば、感覚入力水準にいる4歳の子どもと20歳の本人と同列にかかわってよいのでしょうか？　生活してきた年齢（経験してきた、生きてきた時間）を加味していかないとなんとなく不十分ではないでしょうか？　まだまだ迷っています。

(3) かかわり手側の問題

　障害者支援に携わり、ある程度の年月が過ぎました。筆者が利用者に対してできることはほんのわずかです。しかも見当違いなことをやってしまうことがほとんどです。そんな中、改めて感じることは「支援はコーチング」ということでした。ティーチングとコーチングは会社内での社員育成に使われる手法で対象となる社員の特性や立場などに合わせて使っていますが、利用者への支援の手法としても大切なことに気づきました。コーチングとは、本人がもっている力・望みを対話を通じてわかりやすいような形にし、自身の力で達成できるよう手伝うことです。ティーチももちろん大事ですが、ティーチだけでは不十分になりそうです。

　常に宇佐川先生がおっしゃっていましたが、「かかわり手（セラピスト）側がどのように成長していくのか」という点について私たちも常に自己覚知と自己認識をしていかなくてはなりません。

第Ⅱ部　成人期、老年期の発達支援

4　おわりに（中高年齢期における感覚と運動の高次化において何ができるか？）

　とりとめの無く、筆者自身が直接的・間接的にかかわった利用者の自分の向き合い方、社会へ向かう姿勢を感覚と運動の高次化の視点から考えてみました。ごく私的ではありますが、宇佐川先生の理論を成人の福祉に伝え足られなかったのは慚愧の念ではありますが、その理論を継承し、先生が学んできたことを深掘りしつつ自身の経験と絡めながら考えが深まったことは僥倖です。

　先生がおっしゃった「今後は社会福祉の分野にも積極的に心理臨床的アプローチを取り込むべきだ」ということばを信じていきたいと思います。

文献

海老諭香（2017）高齢者の言語による行動の調整に関する文献的研究．中部学院大学・中部学院大学短期大学部研究紀要，18．
池畑美恵子（2023）発達臨床における意図的かかわり．淑徳選書．
伊藤亜紗（2020）手の倫理．講談社．
浜田寿美男（1992）〈私〉というもののなりたち．ミネルヴァ書房．
浜田寿美男（1993）発達心理学再考のための序説．ミネルヴァ書房．
厚生労働省（2019）障害保健福祉部障害福祉課　地域生活支援拠点等について―地域の生活支援体制の推進―（第2版）．
中島昭美（1977）人間行動の成り立ち．公益財団法人重複障害教育研究所．
中村尚樹（2013）最重度の障害児が語り始めるとき．草思社．
前田明日香（2007）行動調整機能における研究動向とその課題．立命館産業社会論集，43（3）．
文部科学省中央教育審議会（2008）幼稚園、小学校、中学校、高等学校及び特別支援学校の学習指導要領等の改善について（答申）．
村瀬学（1981）初期心的現象の世界．大和書房．
村瀬学（1983）理解遅れの本質．大和書房．
佐々木正人（1987）からだ：認識の原点．東京大学出版会．
柴田保之（2012）みんな言葉を持っていた．オクムラ書店．
柴田保之（2015）沈黙を越えて．萬書房．
柴田保之（2020）社会に届け、沈黙の声．萬書房．
宇佐川浩（1989）感覚と運動の高次化と自我発達．全国心障害児福祉財団．
宇佐川浩（2001）障害児の発達支援と発達臨床．全国心障害児福祉財団．
宇佐川浩（2007a）障害児の発達臨床Ⅰ　感覚と運動の高次化からみた子ども理解．学苑社．
宇佐川浩（2007b）障害児の発達臨床Ⅱ　感覚と運動の高次による発達臨床の実際．学苑社．
宇佐川浩（2007c）淑徳大学発達臨床研究センターの理論と実践．私家版（淑徳大学エクステンションセンター講義録）．

　　　　　　　　　　　　　　　　　　　　　　　　　　　　　　　　　　森田敬蔵

第8章
老年期

1　はじめに

　宇佐川先生の教えには「自明なことがはたして自明なことなのか」という問いかけがありました。「ふつうでない、価値の認められにくい行動」を単に自明なこととして「ふつう」にしていくのではなく、その行動の意味を深く問い、一人ひとりの行動の原則を理解することが大切であるという視点です。

　高齢者介護の世界に入り、この「自明とされていることに疑問をもつ」姿勢と「一人ひとりの行動の原則を問う」という視点は、認知症を抱える高齢者とかかわる上でも筆者の基本となりました。

　その基本をベースに老いを見ていくと、「老い」やぼけは単に機能が衰え、下っていく過程なのではなく、自分の「老い」「認知症」に伴う外界の捉え方や志向性の変化に対し、その人なりの新たな「わかり方」や「外界や人とのつながり方」を獲得していく過程と見えてきます。

　老いやぼけを抱えていく過程の中で起きる変化を理解し、その変化に対する当事者の不安や混乱を解消し、またその行動の深さを知るためには「感覚と運動の高次化」や「療育者（介護者）の関係論的かかわり」の視点は有効であると感じ、その気づきをまとめてみたいと思います。

2　認知症について

　認知症とは、「脳の病気（疾患）が要因となり、認知機能が低下し、日常生活や社会生活に支障をきたすようになった状態」を言います。つまり、「認知症」という病気があるのではなく、何らかの病気（疾患）が要因で起こる「状態」を言います。

　認知症によって起こる症状には大きく分けて「中核症状」と「行動・心理症状（BPSD）」があります（図8-1）。

第Ⅱ部　成人期、老年期の発達支援

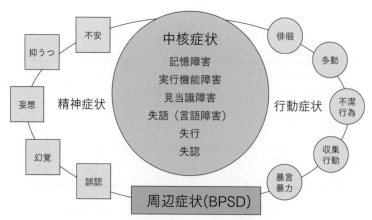

図8-1　認知症の中核症状と周辺症状（筆者作成）

（1）中核症状

　脳の萎縮、損傷や変性により直接起こる症状を「中核症状」と呼びます。原因となる病気により症状の種類や程度に個人差があります。

1）記憶障害
①短期記憶

　数分から数時間の短い時間内に起きた新しい出来事に対する記憶です。

②長期記憶

　新しい出来事や重要な出来事が長時間保持される記憶です。

③エピソード記憶

　個人的な経験や体験したことの記憶です。

④意味記憶

　物の名前や蓄積された知識に関する記憶です。

⑤手続き記憶

　調理や車の運転など、経験や繰り返すことで得られた身体で覚えた記憶です。

　主たる病気にもよりますが、短期記憶よりも長期記憶の方が保たれやすく、エピソード記憶や意味記憶よりも手続き記憶の方が保持されやすいと言われています。また、記憶としては残らなくても、その体験によって引き起こされた感情は残り、体験の繰り返しで「習慣」として行動が獲得できることがあります。

2）見当識障害

　見当識とは「今がいつ」で「ここはどこ」なのかといった時間や場所に対する見当をつけ自分の状況を把握することです。自分と他者との関係性の把握も含まれます。

　「時間」の見当識があいまいになると今がいつなのかがわからなくなり、予定通りの行動ができなくなり、自分の年齢もあいまいになっていきます。また季節がわからなくなることから、時季に合わない服装をするなどの行動がみられるようになります。

　「場所」の見当識があいまいになると自分の家がわからなくなり、室内でもトイレの場所がわからなくなるなどの混乱がみられます。また遠いところでも歩いて行こうとするなど距離感をつかむことも難しくなります。

　「人物」の見当識があいまいになると、自分と相手との関係性がつかみにくくなり、他者との関係性がその時々の実感で変化します。

3）理解・判断力の障害

　物事を理解し、判断することが難しくなります。考えるスピードが遅くなり、2つ以上のことが重なると混乱しうまく対応できなくなります。いつもと違う出来事にうまく対応できず、不自然な行動や混乱が見られたりします。自動販売機やATM、IHコンロなど目に見えない仕組みが理解できず使用が難しくなります。また「あたたかい格好をしましょう」などあいまいな表現も理解や判断がしにくく「コートを着ましょう」など具体的な指示が必要になります。

4）実行機能障害

　段取りを考えて計画的に効率よく物事を進めていくことが難しくなります。また予想外の出来事に適切に対処することができなくなります。

5）失行・失認・失語

①失行
　運動機能に問題はありませんが「服を着る」「箸を使ってご飯を食べる」など日常的に行っていた動作や物の操作をしようとしても上手く行えなくなります。

②失認
　自分の身体の状態や自分と物との位置関係や目の前にある対象が何であるかの認識が難しくなります。

③失語

ことばの理解や表出が難しくなります。自分の思っていることを表現し、相手に伝わるようにことばにすることが難しくなります。

(2) 行動・心理症状 BPSD

中核症状があることによって引き起こされる症状で、誰にでも必ず起こる症状ではなく、個人差があります。多くは環境の変化や身体の不調、人間関係、本人に合わないケアによるストレスなどが要因と考えられます。

行動の要因を探り、ケアや環境の工夫を行うことで軽減することが可能な症状です。

1) 不安・抑うつ

認知機能が低下することにより物忘れや失敗が増え、日常生活に支障をきたすようになります。社会とのつながりが減ったり、自分の役割がなくなるなどの変化もあり、不安を感じ、気分が落ち込んだり、意欲低下につながります。

2) 徘徊

本人なりの思いや目的があり行きたい場所はあるが、どのように行けばよいかわからず歩き続けてしまいます。また、今いる場所が本人にとって居場所と感じられない時などにも「より安心できる場所」を求めて外を歩き回ることがあります。

3) 幻覚・錯覚

実際にはないものをあると感じる「幻覚」や「幻聴」、実在するものを事実と違ったものとして認識する「錯覚」があります。認知機能の低下だけでなく、不安や焦燥感など精神面の要因も考えられます。

4) 作話

記憶のない部分を補い、わからない今の状況を解決するために物語を作ることがあります。「とりつくろい」ともとられますが、わからない自分を自分で助け、自分を安心させるための工夫とも受け取れます。

5) 暴言・暴力

思うように行動できないもどかしさやことばや思いが相手に伝わらない苛立ち、意向に沿わないアプローチに対する抵抗などが強いことばや行動に現れることがあります。

老いに伴う変化を受け入れられない自分自身への葛藤の現れであることもあります。

6）妄想

探しているものが見つからない、片付けた場所がわからないことから、盗まれたと感じる物盗られ妄想や夫や妻が浮気をしているなどと思い込む嫉妬妄想などがあります。認知機能の低下だけでなく、「介護する側」と「介護される側」といった関係性のバランスの偏りも要因であることがあります。

上記が主たる行動・心理症状です。理解が難しい、対応がわからないとして問題行動と捉えるのではなく、認知症当事者の抱える課題やサインとして受け止め、ケアにつなげることが重要です。また、こうした行動を感覚と運動の高次化理論に照らし合わせれば変わりゆく自分に対し、なんとか適応しようとする「主体的・意図的・必然的」行動と捉えることができます。

認知症を抱えた高齢者の行動について「感覚と運動の高次化理論」に結びながら見直していくと、その行動の意味やアプローチのヒントが見えてきます。

3 教材論と教授法を活かした支援

認知症高齢者を支援するサービスは様々ありますが、ここでは筆者が勤務した「認知症対応型生活介護」と言われるグループホームでの事例を取り上げたいと思います。

グループホームとは「住み慣れた地域で、馴染みの人や場所との関係を断ち切ることなく、これまでの生活を継続することで、認知症の進行を緩やかにし、安心した生活が送れるよう支援することが目的の施設」です。利用者個々の思いに沿った生活が送れるよう支援しています。生活リハビリを基本としているので、脳トレや特別な機能訓練は行っていませんが、生活支援の中で「感覚と運動の高次化理論」が認知症ケアに活かせることに気づきました。また生活用品や個々の大切な私物、生活空間（環境）そのものが教材の役割を果たし、それをどう活かすかで認知症高齢者の外界の捉え方や行動の意味が理解でき、よりよい支援につなげられるということが見えてきました。

認知症ケアにおける「感覚と運動の高次化理論」の教材論や教授法の有効性について、いくつか事例をあげてみたいと思います。

1）結び目の問題

　宇佐川先生は「何故障害児にとって遊具や教材が難しいか」の要因について、健常児に用いられる遊具や教材は、行為と結果との因果関係の結び目が3以上を基本としていることをあげています。

　認知症高齢者も同様のことが言え、日常生活の動作や作業を行う中で、結び目の多さに混乱することがあります。全工程を1度に依頼するのでなく、当事者に合わせて1工程または2工程に動作や作業を分割し、結び目の数を意識して作業や動作をシンプルにすることでスムーズな行動につながり、自信喪失や意欲低下を防ぐことができます。

　　例：調理作業「じゃがいもを洗う」⇒「皮をむく」⇒「半分に切る」
　　　　洗濯物畳み「タオルを半分に畳む」⇒「全部畳んだら、さらに半分に畳む」

　作業を分割するだけでなく、適度な間や一度視界から外すなどでリセットすることも混乱を防ぎます。

2）起点と終点

　教材や教授法には「起点」「と「終点」という視点があります。認知症高齢者のアプローチでは「起点」は自然にあっても「終点」が意識されないことがあります。そのために認知症高齢者が自分の行動をどう止めていいのかわからず混乱に陥るケースがあります。わかりやすい「終点」を作ることで、取り組んだ作業が「混乱」で終わるのではなく、「満足感」や「達成感」につなげることができます。

　・モップかけ
　　スタートがわかりやすいので廊下の端などに案内してから始めてもらうことが多いですが、中心にあるフロアでぐるぐると回ってしまい、どこで終えてよいかわからなくなります。
　　⇒なるべく1方向で、廊下の行き止まりなどを目標に進んでもらうと行動の終点がわかりやすいです。

　・洗濯物畳み
　　終点がないと混乱し、畳んでは広げる、を繰り返したり、畳んだものの始末がわからなくなり、履いているズボンの中に押し込んだり、重ね着するなどの行動につながることがあります。見方を換えれば本人なりの終点を作り出しているのですが、間違った行動として受け止められ他者から修正されることで自信喪失や意欲低下につながります。

⇒畳んだものを入れるケースを用意し終点を作ります。サポートする人が1枚ずつ受け取ることも安心となり、関わる人そのものが終点になります。
・テーブル拭き
　食事前のテーブル拭きをお願いすると、どこまで拭いたかわからくなくなり、いつまでも拭き続けてしまうことがあります。
　　⇒モップかけのような終点は作りにくいですが、拭いたところからお茶を置く、ランチョンマットを敷くなどの因果関係を終点にすることで混乱を防ぐことにつながります。

3）図と地の視点

　高齢者の場合、「見えにくさ」「聞こえにくさ」といった視覚・聴覚の機能低下に要因を求めがちですが、認知症高齢者の行動の背景には、その場における視覚や聴覚の刺激が要因と思われることがあります（堀川，2024）。図と地の弁別が難しくなったために混乱し、必要な情報を取り出せずに困っていたり、情報量が多すぎて整理できなかったりなどの状況が考えられます。
　例：複数の人に囲まれて話しかけられると急に怒り出す、その場を立ち去ろうとする。
　　　全体が見渡せる食事席にすると落ち着かず歩き回る。
　　　掲示物や華美な装飾で、トイレや居室の場所がわからなくなる。また、壁面から時計や日めくりなど必要な情報が取り出せない。
　　　食器の模様を箸で取ろうとする。
　いわゆる「徘徊」や「立ち去り行動」など認知症高齢者が落ち着かずに動き出すと「どこに行こうとしているのか」「どうしたいのか」といった目的だけに目が行きがちですが、視覚や聴覚の刺激が不適切で「その場にいられない」やむにやまれぬ行動であることも多いのではないかと思われます。図と地の視点があることで、行動の意味をより知ることができ、その人に適切なアプローチや環境整備を考えることができます。

4）記憶（再認・再生の視点）

　宇佐川先生は、子どもが記憶したということを確認する方法に、通常再生的方法と再認的方法とが考えられるとしています。前者は子どもが記憶したということを何らかの方法で表現する、例えば象のカードを見せて、今のは何だったと聞いて「象」と答えさせる方法です。後者の再認的方法というのは、いくつかある視覚あるいは聴覚的刺激の

中から選ばせるという方法です（宇佐川, 1986）。

　認知症検査や認知症ケアのアプローチで用いられるのは記憶の「再生」が主であると思われます。「再生」ではなく「再認」の方法なら答えることのできる問いかけもあります。また、「視覚性記憶」と「聴覚性記憶」、記憶の容量などの視点も加わると、より本人の負担なく安心したアプローチになるのではないかと思います。感覚と運動の高次化理論を学ぶことで認知症高齢者の個々の「記憶」の状態の違いを知ることができ、単に「覚えている、覚えていない」といった捉え方ではない「記憶」へのアプローチでその人を知り、より大切にしていけるのではないでしょうか。

　また、感覚と運動の高次化理論の「自明なことが果たして自明なことなのか」の問いに「認知症高齢者の記憶」というものを照らし合わせれば、「覚えていることがよい」という自明の捉え方も再考しなくてはならないのだろうと思います。「主体的・意図的・必然的に忘れる、覚えない」という視点で認知症高齢者の行動をみていくことでわかることがあるのではないでしょうか。

　認知症高齢者とかかわる中で強く感じることは、「ことばで表現されない」こととその人の中から「記憶として消えてしまった」ことは一致しないのではないかということです。表現されない、表現できないだけで、記憶そのものがなくなってしまったと捉えることの間違いに気づかされることがあります。私たちは表面だけをみて「記憶として残されていない」と判断していますが、その人が長い人生において積み重ねてきたものは、その人の中に大切にしまわれているだけなのではないのかと感じます。

　高齢者介護の現場にいて「試される記憶」とは、一体誰のための記憶なのかという憤りを感じることがしばしばあります。試す側の安心のために、当時者に不安や罪悪感を与えていないか。そこまでして確認しなければいけない記憶とは何かという問いも「自明」というキーワードをもつことで気づけたことです。

5）弁別選択肢の増減・弁別刺激の差異の調整

　生活の中で本人が「選ぶ」ということは大切です。しかし、認知症を抱える中でこの「選ぶ」ということが難しいケースがあります。その際に「弁別選択肢の増減」「弁別刺激の差異の調整」の視点が活かせます。

　たくさんの中から選ぶ楽しさはありますが、それが混乱につながり、その結果、本人ではなく他者が選ぶ（決定する）ことに着地してしまいがちです。その人にとって適度な選択肢の容量を確認することで選択する力が発揮されます。また「選択する」という意図そのものが伝わりにくいことがあります。今日着る服を選ぶなどの際に、同じよう

なデザインのものではなく、「無地」と「柄物」、「明るい色」と「シックな色」など差異のあるものを提示することで「選んでほしい」という意図が伝わりやすくなります。

4 教授法と教材論に学ぶこと

(1) 教授法に学ぶこと

　生活は連続性なので、認知症高齢者には場面の切り変わりがわかりにくく、直前の出来事に引きずられやすいことがあります。宇佐川先生の言う「間合い」を介護者が意識し、一つひとつの行動の間に小さなゼロを作ることは、認知症ケアにおいても重要なポイントと思われます。本人に合ったスピードで「起点」「終点」を意識し「間合い」をとることは、認知症の方の混乱を防ぎ、脳の疲労軽減、ストレス軽減になり、失敗や混乱を減らすことで自信喪失を防ぐことにもつながります。

　また、宇佐川先生は「自由場面こそ自発性を高め関係性を発展させられるものであるという単純明快なわりきり方」への懸念を言われています。子どもだけでなく、認知症高齢者もその人の目的志向性に合わせて「統制された環境」と「自由場面」とを環境として形成していくことが重要であると考えます。

　情報が雑多に存在する生活空間の中では、認知症を抱えた方の外界の捉え方などを丁寧に確認することの困難さやアプローチの意図の届きにくさがあります。関係作りにもつながるその人に合わせた「統制」と「自由」を意識した環境作りは生活の場においての課題です。

　その他、療育における関係論の態度的側面について「既成概念的なあそびをしようとしない」ということをあげています。認知症高齢者の行動を見る際に「この道具はこう使うべきである」といった介護者の既成概念が働きがちです。そのようなアプローチが必要な場面もありますが、既成概念がその方の行動の深さへの気づきをとめてしまうことがあります。「こうすべきである」という既成概念を外した柔軟さも介護者に求められるものであります。

(2) 教材論に学ぶこと

　宇佐川先生の教材論に学ぶことは、「教材を通じて子どもと対話する」「子どもが教材を通じて意志を伝えている」といった視点です。教材を通じて子どもたちの見ている世界、感じている世界を受け止め「君の世界はちゃんと受け止めたよ」と教材を通じて子

どもに伝えながら「君の見方はすばらしいね。こんな世界（やり方・見方）もあるけど、どうかな？」とコミュニケーションをとっています。

認知症を抱えた高齢者に対し、ただ漠然と行動を見ているだけでは理解できないことも教材（物）とのかかわりを通すことでわかることがあるのではないかと思います。宇佐川先生と子どもたちのようなやりとりが可能で、ことばや表情、行動だけに頼りがちな認知症高齢者の理解をもっと深めることができるのではないかと考えます。

高齢者の生活する施設では「教材」にあたるものは「生活用品」であり、個々のなじみの私物であり、暮らす生活空間そのものです。生活の中でその方の「物とのかかわり」を通じて、その人の外界の捉え方を知り、教材のようにステップアップ・ステップダウンといった提示の仕方でその人の力を知り、教材の工夫のように「かかわる物」の工夫をすることで、その人のできる力を大切にできると考えます。

5　療育における基本的視点と認知症ケア

宇佐川先生は、初期発達の段階にある子どもの療育の視点について述べています（宇佐川，1986）。

それらの視点を認知症ケアにおきかえて考えてみたいと思います。

①障害をもつ子どもとかかわる際、障害の重さに目が奪われがちである。障害児が示す行動をどうしようもないものと捉え、障害に要因を求める。子どもたちの示す行動がダメなものどうしようもないものとしか捉えられない私たちの"目"が問題である。

⇒高齢者もまた、個々の行動の要因を「認知症」に求め、「認知症状が重い」ことが理解を難しくしていると捉えることがありますが、認知症高齢者の行動を困った行動であるとしか受け止められない側の問題があるのではないでしょうか。

②障害をもった子どもたちの行動をいわゆる健常な子どもと比較しつつ、ダメなものどうしようもないものという価値判断をしている。

⇒高齢者の場合は「健常者」との比較というよりも「若かりし頃の自分」や「かつての父や母、または配偶者」の比較で現在を評価しがちです。老いに伴う身体的・精神的変化を自然なものとして捉えることなく、抗うことを迫られ、老いによる自然な変化さえダメな行動とマイナスに捉えられてしまうことに問題はないでしょうか。

③比較的常識的な、あるいは専門的知識のもとに実践をしている私たちの障害を見る

視点を、子どもたちとの深いかかわりあいを通して、子どもたちから学びつつ、もう一度再構成するという作業も必要。単に子どもの見方を変えるという総論だけでなく、指導の手だてや教材を様々に工夫できる力をもって、はじめて実践としての意味をもつ。

⇒認知症を抱えた当事者の訓練や努力に改善を求めるのではなく、ケアする側のアプローチの工夫が必要です。そのためには当事者から学び、「老い」や「認知症」の捉え方を再構築する必要があるのではないでしょうか。

④障害児の指導の際に、私たちは、できたかできないかという行動形成の結果に注目しがちである。そこでの指導法は基本的には、できないことをできるようにするための結果を求めてのアプローチであるといっても過言ではない。その行動形成のための課題が、発達的に妥当かどうか慎重に検討しなくてはならない。

⇒認知症高齢者は、これまで「できていたこと」が「できなくなった」ということに着目されがちです。アプローチもまた、できなくなったことを元通りにする、できるように近づけるといったことに目標を置きがちです。そこには「老い」を抱えた心身や認知症を抱えた状態への妥当なアプローチであるかどうかの確認が足りないのではないかと思われます。老いも認知症も極めて個別的であることを踏まえ、アプローチの妥当性が見直される必要があります。

⑤大人の側からみてのぞましくない行動は、たとえ子どもの発達過程にそぐわなくても変容させる、がむしゃらに引き上げてしまうことにならないか、発達的にみて高すぎる課題を子どもにおしつけていることにならないかなど、常に私たちの実践を点検し続ける作業が必要である。そうした検討ぬきのプログラムでは、子どもたちは拒否するか、積極的には参加してくれない。

⇒認知症高齢者の行動に対し、当事者が困っているのではなく、かかわる側の不都合に合わせて変容させようとしていることはないでしょうか。アプローチを拒否されたり、うまくいかない時に、認知症の進行やその方のパーソナリティーに要因を求めるだけになってはいないか。アプローチそのものが老いや認知症を抱える当事者の思いに合っているのかどうか、当事者の状態にあった支援なのかどうかなど私たちの側の要因を見つめる必要があると思います。

6 認知症ケアにおける感覚と運動の高次化理論

認知症ケアにおける感覚と運動の高次化理論の有効性について、教材論や教授法など

の視点からまとめてきましたが、一番の有効性は方法論の根底にある「自明なことは果たして自明なことか」という問いや「障害児に学ぶ」という姿勢にあります。老いや認知症を一番知っているのは当事者であるにもかかわらず、そこに学ぶことなく、自分たちの尺度で老いや認知症を理解し、アプローチし、相手を決めつけてしまうことの怖さがあります。宇佐川先生はどんな行動もその子どもにとって「主体的・意図的・必然的行動である」との視点がありました。

感覚と運動の高次化理論を学んだ筆者が、認知症高齢者とかかわった際に改めてこの理論の根底にあるものの大切さを再確認させられました。ここで認知症高齢者とのエピソードをいくつか紹介します。

(1) 主体的・意図的・必然的行動

事例1　Aさん　女性　90歳代

『グループホームでは毎食後、口腔ケアの支援があります。Aさんの場合は食事を終えたタイミングで職員が声をかけ洗面所に案内していました。ただ職員がAさんに声をかけても返事だけで毎回なかなか動いていただけません。職員は時間をおいては何度か声をかけることになります。そのうちにAさんはテーブルの上のティッシュを1枚とって丁寧に畳み始めます。次にそのティッシュでテーブルを拭き始めます。業を煮やした職員は「もうテーブルは拭いたので歯磨きをどうぞ」とテーブル拭きをなんとか終わらせようとします。「はいはい」と返事をし、立ち上がったAさんが今度はそのティッシュでテーブルの脚を拭き始めるのです。半ばあきらめた職員は他の利用者の就寝介助などでその場を離れます。しばらくするとAさんはやおら洗面台に向かいうがいを始めるのです』

この行動に筆者は毎回しびれました。Aさんは自分の行動は自分で決めるということを貫いているのだと。誰かに支配された私ではなく、自分のことは自分で決めるという大切な私を自分自身の方法で守り抜いているのだと感じました。

Aさんのエピソードから言えば「主体的・意図的・必然的」であれば、認知症であっても行動は保たれるということであります（もちろん全てではないでしょうが）。こうなると短期記憶の欠如と一括りにされてしまうことはどうなのかと考えてしまいます。Aさんは他の場面ではいわゆる短期記憶の欠如が症状としてみられていました。

しかし、声かけをされ、時間も経ち、しかもテーブルを拭くという口腔ケアとは全く関係のない行動が挟み込まれているにもかかわらず、1人で口腔ケアに向かえるのはなぜか。習慣として身についた流れでもありません。明らかにAさん自身が選び、獲得

した行動にみえます。誘い掛けに応じてもらえずティッシュでいつまでもテーブルを拭くという行為は、職員から見れば困った行動かもしれませんが、Aさんにとっては自分を守り抜く「主体的・意図的・必然的」行動なのです。

認知症ケアにおいて環境の整備やアプローチ法を検討することは必要ですが、根底にその行動がその人にとっての「主体的・意図的・必然的」行動につながるかどうかを見つめることも大切なのではないでしょうか。

そしてもう1つ重要なことは、その人が「主体的・意図的・必然的」行動として行っていることを私たちが理解できない、不都合ということで奪っていないだろうかということです。その人のできることを減らしているのは自分たちなのではないかということに注意深くならなくてはいけません。ケアする側にとって難しい、思い通りにならない行動こそ、その人にとっての「主体的・意図的・必然的」行動ではないのかと問い直してみる必要があるのではないかと思います。

(2) 自明なことは果たして自明なことか

事例2　Bさん　女性　80歳代

『Bさんは若い頃は服飾関係の仕事につき、洋服が大好きでおしゃれな方です。洋裁も得意でご自分やご家族の服も手作りされていました。認知症の深まりに伴い、職員のことばかけには表情やうなずきなどで応えてくださることが主となり、発語はめっきり聞かれなくなってしまいました。そんなBさんがことばを発する場面があります。それは職員の着ている洋服で好きなデザインのものを目にすると、感情たっぷりに「いいわあ」「きれい〜」と言われるのです』

この「いいわあ」「きれい〜」は一貫していて、職員の服のどれに対しても言うわけではありません。決まったものだけに言うのです。Bさんが生涯をかけて獲得したことばはたくさんありますが、獲得したことばの中で、最後まで大事に手の中に握りしめて話さなかったことばがこの「いいわあ」と「きれい〜」です。この2つのことばが何よりBさんの人生を、Bさんそのものを表しています。Bさんは決してことばを失ったのではなく、Bさんの中に大切に大切にしまい込んでいるだけなのだと思いますが、表現されるこの2つのことばに出会うたびに「獲得する」ことだけが人としての発達なのではなく、「何を残すか」もまた、人としての歩み（発達）と言えるのでないかと思わされるのです。

第Ⅱ部　成人期、老年期の発達支援

事例3　Cさん　女性　90歳代

『Cさんはことばは出ますが、言おうとすることと口から出てくることばがちぐはぐで面映ゆい思いをされています。それでもいつも朗らかで、仲の良い利用者や職員とのコミュニケーションを楽しまれていました。お正月にホーム内に飾る絵馬に書く願い事をお聞きしました。普段はうまくことばの出ないCさんがその時、職員に伝えてくれた願い事は次のことばです。"ありがとう　ありがとう　と言いながら　長生きしたい"』

老いや認知症を抱え葛藤する日々を経て、変化する自分に折り合いをつけたCさんの思いです。他者からのケアを受ける自分はただ「受け取るだけの存在」なのではなく、「ありがとうを手渡せる存在」であるのです。長生きすればするほど、手渡せる「ありがとう」は増えます。「老い」や「認知症」を抱えることは「誰かと共に生きる私」になっていくということです。その面白さや豊かさに気づき、他者の力を借りながら生きる「老い」や「認知症」を肯定したことばです。Cさんの辿り着いた生き方は、これまでのCさんの人生の来し方に基づいています。「認知症だからわからない」「認知症になったらできない」は疑わしいです。宇佐川先生の「自明なことが果たして自明なことなのか」の視点は、「老い」や「認知症」の捉え方そのものにも投げかけられることばです。そして、そのことに気づかせてくれたのは、Cさんをはじめとする認知症を抱えた当時者でした。

7　生涯発達（移行支援）の視点

障害を抱える子どもたちも青年期、成人期を経ていずれは老年期へと移行します。これまで「感覚と運動の高次化理論」のアプローチや根底にある視点が高齢者にも有効であることを述べてきました。支援が「教育現場」だけでなく、教育を終えたあとの社会や介護の現場まで継続できたなら、障害を抱える当事者の生きづらさの軽減が図られるだけでなく、さらなる発達につながることと思われます。障害児の発達臨床が高齢までを支える「人生へのアプローチ」として継続できるよう環境（人的環境も含めて）を整えていくことで「生涯発達」が充実できるのではないでしょうか。

認知症高齢者の特徴の1つにその人自身の中にある「時」と「場」が「今」「ここ」に合わないということがあります。認知症高齢者の行動を読み解く際には「今」「ここ」にある環境や状況だけでなく、その人のこれまでの「人生」に思いを寄せる必要があります。認知症高齢者の行動にはその人のもつ時間の流れと人生が隠れていることがある

のです。

「人生」というキーワードは認知症高齢者から学んだ大切な視点です。障害をもつ子どもたちもまた、高齢者と同様に積み重ねられた人生が行動に反映されている面もあるのではないかと思います。

障害をもつ子どもたちが生きてきた5年、10年……という時間は、高齢者に比べたら短いものではありますが、着実にその子の人生は積み重ねられています。「どんな生活をし、どんな出会いがあり、どんな好きと嫌いを見つけ、どんなことに喜怒哀楽してきたか」。「発達」という視点と同様に「人生」という視点を子どもたちの行動に重ねてみることでこれまでとは違ったものが見えてくるかもしれません。

発達に障害をもつ子どもたちが認知症高齢者のかかわりに多くのことを教えてくれたように、認知症高齢者が子どもたちを理解する上で大切なことを教えてくれることがあります。感覚と運動の高次化理論にある「みずからの視点のいたらなさをクライエントの合理的・原則的な生きざまから深く学ぶ」はかかわる年代が異なっても共通です。その学びのバトンを手渡ししていくことが「生涯発達」を支えるものとなり、そのバトンは時に高齢者から子どもたちに向かうこともあるのです。そして、そこにかかわる私たちをも発達させてくれるものなのではないかと思います。

文献

ボーデン, C. 桧垣陽子訳（2003）私は誰になっていくの？アルツハイマー病者からみた世界. クリエイツかもがわ.
三好春樹（2003）痴呆論 介護からの見方と関わり学. 雲母書房.
鈴木みずえ監修（2018）認知症の看護・介護に役立つよくわかるパーソンセンタードケア. 池田書店.
宇佐川浩（1986）感覚と運動の初期発達と療育—手先の発達指導を中心として—. 社会福祉法人全国心身障害児福祉団.
宇佐川浩（1989）感覚と運動の高次化と自我発達—障害児臨床における子どもの理解—. 社会福祉法人全国心身障害児福祉団
渡邉正人・関口薫・堀川聖子・石井みや子（2023） 感覚と運動の高次化による臨床的アプローチそのⅤ—感覚と運動の高次化理論における生涯発達支援—. 日本特殊教育学会第61回大会（横浜大会），自主シンポジウム，Ⅰ-24.

堀川聖子

第 III 部

宇佐川浩氏とのかかわり・
エピソードからみた発達支援

第9章 宇佐川浩の思想とその分岐点

1 思想形成の礎となった出会い

　筆者が、宇佐川浩の存在を最初に知ったのは、今から48年前の1976年10月に埼玉大学で開催された日本教育心理学会第18回大会です。当時の筆者は、自治体の心理職として公立の障害児通園施設で仕事を始めたばかりでした。障害児の指導に苦戦していた頃でもあり、宇佐川の「障害幼児への心理療法的アプローチ」に強く惹かれて、口頭発表の後に檀上近くで質問をしたことを覚えています。

　宇佐川は、自らの研究のあゆみを、4期に分けています。①1期（1972～1976年）：心理療法的アプローチを重視した時期、②2期（1977～1982年）：感覚運動的アプローチを意識した時期、③3期（1983～1988年）：発達論的視点を重視した時期、④4期（1989～2006年）：発達論的アプローチの拡充期として整理しています。この一連のあゆみは、単に研究歴を表すばかりでなく、宇佐川が院生だった1971年から亡くなる2010年までの39年間、障害児とともに歩んだ生き様そのものと言えます。

　筆者は、宇佐川が表した著作物を読むうちに、いくつかの素朴な疑問を抱くようになりました。それは、なぜ大学で心理学を選択したのか、なぜ幼児期の子どもを研究対象としたのか。そして、なぜ障害児臨床の中で「情緒の安定と自我発達」の解明に力を注いだのかという点です。これを解くことは、宇佐川浩の思想を知る上で必要なことだと思うようになりました。ここでは、その糸口として、宇佐川が著作の中で吐露している想いや、影響を受けた人たちからの示唆、さらに自身の心情を伝え聞く身近な方への聞き取りなどをもとに、微力ながらその一端に触れてみたいと思います。まずは、宇佐川の人生における4つの"分岐点"となった人との出会いについて見ていくことにします。

(1) 第一の分岐点——子どもの心理臨床に導かれて

　宇佐川は、1966年に上智大学理工学部の工学系に入学します。しかし、3年次（1968年）には心理学科に編入学をしています。大学進学は、兄が大学の理系学部に進んだこ

とが影響したとも言われますが、若き20歳の宇佐川にとって、工学から心理学への進路変更は、運命の流れを変える大きな人生の選択でした。それには、大学で福祉を学んだ姉の存在と上智社会福祉専門学校でのボランティア参加がきっかけとなったようです。いずれにしても、学問における対象をモノからヒトへ、そして人間の内面へと移し替える理由が、そこにあったように思います。

1960年代の大学における心理学科は、実験心理学など基礎心理が主流で、応用心理の一分野である臨床心理学は、まさに傍流の扱いでした。その一方で、学外に活動の場を求める者に対しては、大学教員らの研究者を介して門戸が開かれており、学生・院生たちが、児童臨床の実践現場に身を置くことが許される、おおらかな時代でした。1970年頃、宇佐川もまた、開設まもない東京小児療育病院で脳性麻痺の子どもとかかわりをもち、そこで藤田和弘（東京教育大学）と出会い、それが縁で1972年に淑徳大学カウンセリングセンターの嘱託研究スタッフとして就任しています。同センターには、藤田雅子（専任講師）やスタッフの設楽とし子、石井みや子がいました。

(2) 第二の分岐点
——霜山徳爾との出会い：師のことばの中に自己を見いだす

宇佐川にとって、心理学科への進路変更と臨床心理学の霜山徳爾ゼミに加わったことは、心理臨床家としての道を大きく拓くことになります。霜山との出会いについて、最後の著書（2007）の中で、「かけだしの頃霜山徳爾先生から、臨床に対する真摯な姿勢とともに、臨床に即した柔軟な研究のあり方について、いつも学ばせていただいていたことを想い出しました。私の現在の臨床実践と研究の方向に大きく影響を与えたということも改めて自覚しました。臨床家としての初期学習が、いかに重く重要なのかも、自分自身を通してよくわかりました」と述べ、生涯に渡って自らの心の支えとなった師との交流を振り返っています。

宇佐川たちゼミ学生は、学部生・院生時代に心理臨床の基礎の多くを霜山から吸収したことでしょう。霜山は、V. フランクルの『夜と霧』の翻訳者として知られ、苦悩における「創造的価値」や「意味への意志」を説いたフランクルと交流のあった、現象学的心理学・人間学的心理学を専門とする臨床心理学者です。霜山は、心理臨床家を志す若きゼミ生に問いかけ、臨床家としての基本姿勢を導きました。後に宇佐川は、「先生の人間に対する深い洞察力と臨床家としての姿勢に強い影響を受けつつ、めざす方向を見失わずになんとか歩んでくることができた」と述べています。

霜山は、心理療法にとっての根本原則について、「害を与えざること第一なり」であ

ると言います。つまり、「一見、消極的に見えて、この害を加えないという心掛けこそ、心理治療家の第一のたしなみであり、持つべき謙虚さである。これは心理療法の起点であり目標点でもあって、決して忘れてはならないもの」としました。そして、心理療法家にとって次に重要なことは、「おのれの道をおのれで選び、その明かりを照らしてすすむ」という自灯明の世界であること、「各人が各人の心理療法をもつ」ことの難しさとともに大切さを説きました。霜山は、「心理療法は、ひとつのArtであって、文字通り技法であって芸術でもある。表現というのは、内的世界の自己提示であり、（中略）芸術療法と呼ばれるものは、何らかの形で芸術の持つ『心をいやす力』を基盤としている」という考えをもっていました。そして、「人間の心の動きの内で客観的には表現できないものとして、体感（身体感情）の面があり、われわれはいつでも言葉では表現できない、なまの気持の中に生きている」と身体性とこころの表現について論じています。この自我の身体性について、「自我と身体とは一つとして体験され」、「身体は、自己そのものである」と述べています。こうした霜山の認識は、宇佐川の研究の方向性に深く影響を与えるとともに、宇佐川が研究の中で用いた「運動表現」や「自己像の形成」といった概念の基礎になっていると思われます。

(3) 第三の分岐点——遠山文吉との出会い：音楽による共有と共存

　宇佐川は、楽器の演奏が好きで、毎年、家族と一緒に演奏し合うことを何よりも楽しんだようです。また、得意のギターを用いて、子どもの心を開く才能がありました。音楽療法が、障害のタイプや障害の軽重とかかわりなく、「受容のしやすさ、外界への気づきと情動への働きかけやすさ、相手との合わせやすさ」において有効なアプローチであること、音楽における表現（表現の仕方）を通して、一人ひとりのコミュニケーション能力と情緒の安定を導くことを明らかにしました。

　モンテッソーリ法やケファート、フロスティッグらの知覚運動学派など、治療教育のほとんどが、視覚－運動の学習である中で、音・音楽という聴覚－運動の学習を積極的に臨床活動に組み入れて方法論や診断論に言及したことは、宇佐川の卓越したところです。宇佐川は、1972年の音楽療法の論文投稿から、2006年まで計17本の論文を書くなど音楽療法の分野にも影響を与えました。

　このような音楽療法への長い関与は、親交のあった遠山文吉の影響によるものと思われます。遠山は、療育施設や養護学校で音楽療法を実践し、国立音楽大学で障害児の音楽教育と音楽療法を研究しました。そして、自らの音楽教育や音楽療法に、宇佐川の臨床研究の知見を取り入れました。例えば、音楽療法の「セッションの流れについての検

討」の中で、宇佐川の提起した、活動を「静的活動」「動的活動」と分類して子どもの実態に沿った取り入れ方を検討する考え方に対して、「このような考え方は、子どもの実状をよくとらえていないと生まれてこない。私自身、多くの子どもたちにかかわりながら、宇佐川の考え方は正しいと確認してきた」と述べるほど信頼を寄せています。

そして、指導者のあり方について、「音楽教育も音楽療法も、（中略）子どもの人権を侵害しないこと、『教師』、『音楽療法士』という腕章をつけていれば何をしても良いということはあり得ないということ、教師主導、音楽療法士主導ではなく、常に子どもの主体性を重んじながらかかわりを進めていくなどは、両者における共通の大原則であると思う」と指摘しています。さらに、遠山の「音楽教育と音楽療法は、〈相反するもの〉〈反発し合うもの〉でなく、〈共存〉しなければならない。なぜならば、目の前にいる一人の子どもの幸せを強く願うからである」という考え方は、先の指導者のあり方と同様に、宇佐川が目指した心理療法と教育の相互交流や統合の姿と共通します。ふたりの関係性と交流の深さは、宇佐川が亡くなる2年前、2008年の第33回淑徳大学発達臨床研修セミナー2日目に、遠山が「障害児の音楽療法」の講演をしていることにも表れています。

(4) 第四の分岐点
——中島昭美との出会い：一人ひとりの原則を深く理解する

1983～1989年までの6年間は、淑徳大学発達臨床センターにおいて重度重複障害児に目を向けた取り組みが行われています。それ以前の1982年頃、宇佐川は、障害児臨床家としてゆきづまりを感じていたようです。それを2冊目の著書「感覚と運動の高次化と自我発達」（1989年）の中で、当時を振り返っています。つまり、「障害をもっている子どもたちへの発達援助とは、従来の伝統的な考え方、（中略）そこでの発達観、（中略）当然そこでの障害児を理解する『視点』の中心は、どのようにその子が遅れているかを、健常児の示す発達像との対比の上で明らかにすることにある。この障害児の療育や障害児教育で、『自明』のこととされている前提が、はたして自明のことなのか、と考えるようになったのは、七、八年も前のことである」と吐露しています。

1983～1985年頃、宇佐川は、筆者の職場で開催していた重複障害教育研究所の中島昭美による事例検討会に数回参加しています。宇佐川は、ここでの経験を「障害児臨床家としてゆきづまっているときに、（中島昭美先生に）大変すばらしい視点を与えていただきました。先生と出会えたおかげで、わたくしが初期に学んだ精神病理的な人間理解様式と障害児臨床との接点を見いだすことができました」と振り返り、恩師の霜山の

教えと中島の考えが自分の中で結びついたこと、それまでの障害児を理解する「視点」の転換を強調しています。

中島は、東京大学の梅津八三に始まる我が国の盲聾教育の流れを汲む重複障害児教育を受け継ぎ、重複障害児教育の工夫する教育と考える教育を実践した教育心理学者です。事例検討会は、中島の研究から吸収した、「感覚の受容」「感覚の高次化」「運動の自発」「運動の調節」「実感と確かめ」「はじまりとおわり」など、人間行動の成り立ちについて理解を深める機会となり、宇佐川にとって、それまでの研究では見えなかった初期発達の複雑なところを、触覚－運動の学習を通じて深く理解するきっかけになったと思われます。

宇佐川は、その時の心境を、「障害児に対するいままでの専門家は自分を含めて、障害児の示す価値のない無意味な（としか捉えられていない）行動を、健常児と同様な価値のある（と考えられがちな）行動へと変えていくという視点しか持ちあわせてはいなかったのではないか。しかし視点を180度転換してみれば、そうではなくて、どんなに障害の重い子どもであっても、外界に対して、たとえ常同行動や徘徊行動であったとしても、自分なりの原則を持って、価値のある行動として、合理的にかかわろうとしているのではないか、と捉えることもできる。（中略）かかる観点に立つとすれば、行動のよしあしは問題ではなく、障害を持つ子ども達の外界とかかわろうとするひとりひとりの原則を深く理解することが、重要である」と述べています。

2　人間理解の思想に根ざす実践への問い

宇佐川の研究を俯瞰してみると障害児臨床の専門家に向けた厳しい姿勢に気づかされます。時流の中で注目され、さかんに使われる療育技法に対して、常に「そんなに安易に用いてよいのか？」「子どもたちを強引に引き入れようとしていないか？」と問い直しています。そして、大学の授業においても、「人間をいとも簡単に説明したり、評価し類型化したりするようなわかりやすさや、その前提にあるさまざまな『自明性』を常に疑い、自身の立ち位置から確かめられる臨床的事実に重きを置く姿勢」を教えていたと言います。宇佐川は、臨床教育や事例検討会において、障害幼児のアドボカシーを軽視する表面的な療育観や単なる外形的な評価方法に疑問を投げかけ、援助者に対して、おもいこみからの脱出と常識にとらわれない視点を説きました。こうしたことは、外界に対して精一杯生きようとしている子どもを深く理解し、発達の本質を読み取ろうとする宇佐川の姿勢をよく表しています。

筆者の直感では、宇佐川の思想を理解するには、代表的な「感覚と運動の高次化理論」を始め、世に出した100に及ぶ著書物を読み、臨床を追体験するだけでは、おそらく50％程度の理解に留まるのではないかと思います。そして、残りの30％を理解するには、その背後にある、様々な分野の専門的知識が必要となり、残り20％は、宇佐川自らの人生における宿命、自らが求め続け扉を開いた運命を表す個人史になると思います。

　最後に、日本の障害児臨床から編み出された宇佐川による治療教育理論は汎用性が高く、今後、実践家による継承が支えとなって、多分野で用いられるものと思います。それによって、宇佐川浩の思想が、実践現場に広く浸透し深められることを期待します。

文献

池畑美恵子（2023）発達臨床における意図的かかわり　淑徳選書10. 淑徳大学長谷川仏教文化研究所.
中島昭美（1977）人間行動の成り立ち―重複障害教育の基本的立場から―. 研究紀要第1巻第2号. 公益財団法人重複障害教育研究所.
中島昭美（2021）中島昭美著作集第1集. 公益財団法人重複障害教育研究所.
霜山徳爾（1972）身体性の人間学. 理想（465），63-71.
霜山徳爾（1989）素足の真理療法. みすず書房.
遠山文吉（1999）心身に障害をもつ子どもたちに対する音楽教育. 浜野政雄監修　音楽教育の研究―理論と実践の統一をめざして―. 音楽友之社，79-90.
遠山文吉（2005）知的障害のある子どもへの音楽療法. 明治図書.
遠山文吉（2008）子どもの音楽療法―音楽療法と音楽教育の接点―大会実行委員会企画　講演I　音楽教育学，38(2).
宇佐川浩（1972）幼児期の臨床における音楽療法の摘要について. 芸術療法（4），55-70.
宇佐川浩（1978）発達障害幼児における治療教育の方法論と診断論の検討I―臨床方法論を中心として―. 児童精神医学とその近接領域，19(2)，125-136.
宇佐川浩（1986）感覚と運動の初期発達と療育―手先の発達指導を中心として―. 全国心身障害児福祉財団.
宇佐川浩（1989）感覚と運動の高次化と自我発達―障害児臨床における子どもの理解―. 全国心身障害児福祉財団.
宇佐川浩（1996）障害児の発達臨床とその課題―感覚と運動の高次化の視点から―. 学苑社.
宇佐川浩（2007）障害児の発達臨床I　感覚と運動の高次化による子ども理解. 学苑社.

舩越知行

第10章
教授法を中心とした発達支援

1 学習に向かう力を高める

(1) 環境と空間の構造化

　目や耳に入ってくる刺激に振られて、活動への参加ができない子どもがいます。

　静かな所や左右される刺激をカットできる環境は大切です。集中できるように、部屋にある棚の物品を布などで見えないように覆う工夫が大事です。

　また、場所や場面が広すぎて、落ち着けない状態になることがあります。ついたてを利用して区切ったり、部屋の隅や壁に向かって机と椅子を用意したりするなど、教授者と向き合うための空間作りは大切な点になります。

(2) 姿勢づくり

　課題に集中して取り組むには、安定した姿勢をとることが大切です。足裏がきちんとついているか、背筋の安定が保たれているか、操作しやすい姿勢であるかに配慮する必要があり、大切な点となります。姿勢の崩れは集中力の低下を示した状態といえます。

2 課題学習で関係性を高める

(1) 待つ、間合いをつくる

　教材・教具が提示されるとすぐに、パッと手が出てくる子どもがいます。動く前に「見る・聴く」態度を育てたいところです。そこで教授者は、意図的に無言の時間をとり、おもむろに課題を提示すると、子どもは耳や目を教授者に傾けてくれるようです。「待ち」はやりとりの成立のきっかけをつくり、学習の流れにメリハリをつけます。

（2）終わりをつくる

　教材・教具がつくる始まりと終わりは、視知覚の育ちに委ねられます。課題の終わりや特に「終わりにしたい」気持ちを、直接的に教材・教具を払いのける行動や離席行動で表現することがあります。そのような時は、通称「おわり箱」の出番です。教材・教具が入る大きさの浅い箱を用意し、できたマークのカードを底に貼り付けたものです。「終わりです。終わりたいです」と教材・教具を箱に入れることが、互いの意思表現と意思確認につながります。直接的な行動から客観的な行動になります。課題が終わるたびに必ず行うと、態度が定着されるにつれ拒否行動が減少していきます。

（3）ことばかけのありかた

　早口や長い指示・説明のことばかけは、聞き取りや内容の理解において難しいことがあります。目を見て明瞭なことばで短く話すと理解されやすいです。

3　教授法からみる子ども理解

（1）ゆらしのアプローチ

1）質的ステップ

　対応知覚水準以降の子どもは、大人と子どもと物の関係において三項関係ができ始め、やりとりができるようになります。宇佐川（2007a）は、視知覚弁別課題における教授方法にみる質的ステップを図にしています（序章の図5を参照してください）。

　また、視覚による探索行動と「これとこれは同じ形かどうかを照合する」ことが大切です。教授者は、よく見渡して探すように促す働きかけをすることがポイントです。

　指さしの獲得が表象機能や象徴機能であることばにつながる一側面を示しています。ポインティング学習、指さし学習を組むことも大切です。

2）量的ステップ

　量的ステップとしては、弁別数の増減や弁別するものの差異が大きいものから相似のものへ移行することが考えられます。また、見やすく使いやすい生活用品の検討や介助のやり方や度合いも含まれると思います。

(2) 提示方式にみる視知覚の育ち（ゆらしのアプローチ）

　同じ課題において、提示の仕方やかかわり方の状況や条件を変えることで、達成に違いが見られることがあります。どういう状況でどういう状態に至ったかという経過を、教材・教具とかかわりの面から検討することが必要です。ゆらしのアプローチを実践する教授者は、教材・教具の使い方に熟知することと子どもの反応に対して、臨機応変で柔軟な対応と豊かな発想が求められます。

(3) 提示方式から探る優位性

　教授法では、提示方法の違いから優位性について探る必要があります。教授者は、以下をきちんと整理して提示することが大事です。
- ・視覚提示は、物やカードや身振りによる提示
- ・聴覚提示は、言語のみによる提示
- ・同時提示は、物や身振りあるいはカードに付随して言語で提示

1）優位性のみかた

　対応知覚水準から象徴化水準になると、この頃に課題の達成度に優位差が見られる子どもがいます。宇佐川（2007b）は、感覚入力様式から初期感覚優位タイプと視覚優位タイプ、聴覚優位タイプそして視覚・聴覚統合タイプの4つの臨床類型をあげています。そのうちの視覚優位と聴覚優位のタイプについて見ていきたいと思います。
　「ウサギ」はどれか？の課題です。苦手な提示から始めて、不正解だったら、ステップを下げていきます。その進め方を→で示しました。
- ・視覚優位の場合：ことばで「ウサギはどれ？」→ウサギの写真や絵カードを見せる、身振りで示す→ぬいぐるみなど具体的に物を見せる。
- ・聴覚優位の場合：動作指示として「頭の上に両手を付けて、可愛くぴょこぴょこ動かしながら。これは何？」→写真カードや絵カードに変えて、同じように聞きます。→言語で「うさぎはどれ？」

　上記の提示方法の流れは、子どもが課題達成できなかった時のステップダウンの方向です。どの段階にいるのかをステップの上げ下げにより、子どもを理解し、今後の方向性が見えてくるようです。特に、聴覚優位の子どもは、発話があることで能力が高いように捉えられて、求められるレベルが違い過ぎることがあります。話せるからわかると思われて、ことばのみの対応になりがちです。視知覚的な支えを活用することが重要で

あると思われます。

2）優位性に対応した課題の進めかた

　何をどこに用意するかという課題の組み方は大切です。その日やその時間の子どもの情緒の状態や集中力と興味・関心度のありかたに配慮して進めます。しかし、子どもの状態により、即座に変更することや取りやめる度胸があってもいいと思います。次回に向けて、子どもと授業者が「この時間が楽しかった」と感じることが大事です。

4　生涯発達に活かしたい教授法

　感覚と運動の高次化理論における教授法は、生涯発達支援においても有効であると考えます。感覚と運動の高次化理論で用いられている教材・教具を日用品や生活用品におきかえて考えてみたり、施設や生活場面の構造化や支援や行動する手順の数を吟味したりと、理論をそのまま活用しなくても、視点のもち方を大切にして対象者に適用できることがあるように思います。対象者自身がわかって行動する力をどのようにしたらよいのか、支援者や介護者は柔軟に考えていくことが大切だと思います。

文献
宇佐川浩（2007a）障害児の発達臨床Ⅰ　感覚と運動の高次化からみた子どもも理解．学苑社．
宇佐川浩（2007b）障害児の発達臨床Ⅱ　感覚と運動の高次化による発達臨床の実際．学苑社．

石井みや子

第Ⅲ部　宇佐川浩氏とのかかわり・エピソードからみた発達支援

コラム 1

　宇佐川先生の臨床を見学する機会が時々ありました。見学する度に、子どもたちへの理解と臨床の方向性についてたくさん学ぶことができ、とても貴重な時間となりました。

　その臨床場面のエピソードです。Aさんは、知覚水準〜象徴化水準初期にあたります。発語があり、時々びっくりすることを話したりします。先生がことばで指示すると絵カードを叩いたり取ったりすることができます。またAさんは、絵カードを見て物の名前を言うことができます。手先の活動や粗大運動は苦手です。模倣については、言語模倣は得意ですが動作模倣は苦手です。

　Aさんと宇佐川先生の臨床が始まりました。Aさんの名前を呼んだ後、先生は自分の指を鼻先近くにもっていき「だあれだ？」と質問すると、Aさんは「鼻」と答えました。次に、先生が壁に設置してあるビデオカメラを指さして「何だろう？」と質問すると、Aさんはすかさず「指」と答えました。そこで、宇佐川先生は胸の前で両手を花が咲いているようにふっくらさせて、左右に揺すりました。Aさんは「手」と答えました。その様子を見て宇佐川先生は、「君は正しい！」と笑いながら言いました。臨床後の宇佐川先生の解説では、「Aさんには、指さしの意味がまだ育っていないこと、また身ぶりのイメージを育てていく必要があること」を話してくださいました。この臨床が1つのきっかけとなり、感覚と運動の高次化理論における聴覚優位のタイプが類型化されていくことにつながっていきました。

　Aさんのケースのように、喋るからわかっていると判断され、その子どもに対してことばのみで指示したり、説得したりすることへの危険性を頭においておくことが必要であると考えます。視知覚の育ちを丁寧な教授法で考え、取り組んでいくことの重要性を改めて教えていただきました。このことは、幼児期の臨床場面にとどまらず、児童期・青年期から老年期においても大切なことであると考えます。当事者の視点に立つということは、普段の何気ないことばかけからも留意して支援していくことであると改めて思いました。

石井みや子

第11章
教材論を中心とした発達支援

1 教材・教具選定の難しさ

　宇佐川は障害幼児の治療教育活動をスタートした時から、教材・教具の選定について難しさを感じていました。健常と呼ばれる子どもたちに向けて作られている教具や遊具は、障害幼児においても簡単に使えるものではありません。既存のおもちゃや教具は視覚や聴覚を中心としたものが多いため、発達の初期段階にある場合が多い障害幼児にとっては視覚や聴覚だけでかかわることはとても難しいです。さらに健常の子どもたちが使う遊具は、ボールを穴に押し入れて転がり、最後に音がするなどの因果関係が複雑なものが多いです。そのため、因果関係の理解が難しい障害幼児にとっては、押したら振動するというような因果関係が単純でわかりやすい教具や遊具が必要となってきます。宇佐川（1988）は、教材開発する上での条件について、以下の4つをあげています。

・条件1：教材開発の前提となる発達観・教材観の確立
・条件2：発達段階の確定と各段階に対応した教材の開発
・条件3：動機づけが高まり、興味がもたれる教材であること
・条件4：教材に対応した教授法の確立、教授者の臨床訓練システムの開発

　以上のことに加え、さらに宇佐川（1988）は、「書物や施設で作られた教材を単に面白そうだからとハウツー的にまねしようという立場には賛成できない」とも述べています。この4条件を満たした上で、人間理解型発達臨床的視点に立った教材・教具の開発することこそが、感覚と運動の高次化理論の教材・教具開発の原則と言えます。

2 教材・教具の役割

　宇佐川や筆者をはじめスタッフ、学生が子どもたちとの臨床活動を通して、教材・教具が新たに生まれ、発展していきました。しかし、上記の4条件が十分に満たされないことから活用できない教材・教具も多くありました。そのようなプロセスを経て、発達臨床における教具の役割を宇佐川（2007b）は4つに整理しました。

①教具使用が情緒の安定に貢献すること
②教具は手と目の協応を育て、認知・言語の発達の基礎となる
③教具は、多面的な発達支援に貢献できる
④発達に対応した教授法の必要性

このような教具の役割を踏まえた上で教材・教具を開発し、療育内容や学習内容に選定していくことが、子ども理解や発達支援につながると考えます。

3　教材論の原則

序章でもふれていますが、宇佐川（1998）は、教材論の原則を述べています。

(1) 教具の応答性

子どもの発達水準に合った教具を考える場合、教具の応答性（フィードバック）が重要となります。発達水準に応じて、①前庭・固有感覚への働きかけが強い教具（トランポリン、回旋シーソー、振動するおもちゃや楽器など）、②触感覚への働きかけが強い教具（柔らかい材質、ざらざらした感触の材質など）、③聴覚への働きかけが強い教具（打楽器、弦楽器、吹く楽器、電子楽器など）、④視覚への働きかけが強い教具（動きに変化がある教具、光る教具、視覚的にわかりやすいカラフルな教具など）などを考慮しながら教具を選定したり開発したりすることになります。しかも、発達の状況に応じて、前庭感覚・固有感覚の働きかけを優先した教具にするのか、視覚・聴覚の働きかけを優先した教具にするのか、教具の有効性を確認しながら選定・作成していくことが重要となります。

(2) 教具の構造化

感覚と運動の高次化理論に基づいて子どもの発達水準に応じて教具の発達水準を考えていく必要があります。宇佐川（2007b）にも示したように教具がもつ応答性の強さを考慮しながら教材・教具を開発したり、療育や学習活動で活用したりしていきます（図11-1）。

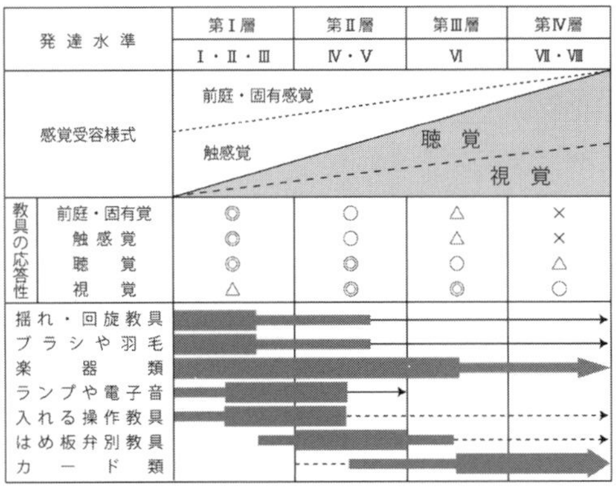

第 11 章　教材論を中心とした発達支援

図 11-1　感覚と運動の高次化と教具の応答性（宇佐川，2007b）

(3) 質的ステップと量的ステップ

「質的ステップ」とは、発達水準に応じて発達の質的変化（タテ系の伸び）を目標とするステップです。代表的な質的ステップとして視知覚弁別教具があります（**図 11-2**、**図 11-3**）。

「量的なステップ」とは、発達的にやさしい水準から難しい水準に向かうことができるステップを言います（**図 11-4～図 11-6**）。

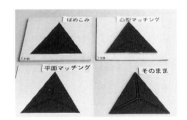
図 11-2　はめこみ教具（宇佐川，1998）

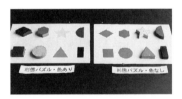
図 11-3　マッチングなどの教具（宇佐川，1998）

図 11-4　つまみやすさによるステップ（宇佐川，1998）

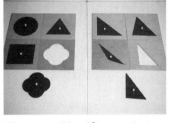
図 11-5　形の違いによるステップ（宇佐川，1998）

図 11-6　選択肢の増減によるステップ（宇佐川，1998）

(4) ステップ可変教具

「ステップ可変教具」とは、1つの教具に様々な質的・量的ステップを設定し、多様な発達水準にある子どもに応じることができるように考えられた教具のことを言います。「ステップ可変教具」は、教具と教授法のステップをそれぞれ上げたり下げたりしながら、子どもの学んでいくプロセスを考えていくことこそが重要となります（図11-7、図11-8）。

図11-7　ステップ可変型円柱さし
（宇佐川，2007b）

図11-8　ステップ可変型高さ序列棒（宇佐川，2007b）

4　教材論からみた生涯発達支援

教材論を生涯発達支援の視点から捉えると、乳幼児期ではおもちゃであり、児童期・青年期では教材・教具であり、成人期・高齢期では生活の質を向上するための教材や生活支援ツールであったりします。教材だけが一人歩きすることなく、宇佐川が述べている人間理解型発達臨床的視点に立ち、対象児者の年齢や発達、生活などの状況を踏まえ、教師や支援者が教材論の原則である量的・質的ステップやステップ可変型教具などを有効に活用していくことが重要であると考えています。

文献

小鴨英夫・金子保・宇佐川浩・石井みや子・後藤裕幸（1988）発達障害児のための療育教材の開発―基礎研究とその臨床的適用―．淑徳大学社会福祉研究所　相談治療研究室．
宇佐川浩（1998）障害児の発達臨床とその課題―感覚と運動の高次化の視点から―．学苑社．
宇佐川浩（2007a）障害児の発達臨床Ⅰ　感覚と運動の高次化からみた子ども理解．学苑社．
宇佐川浩（2007b）障害児の発達臨床Ⅱ　感覚と運動の高次による発達臨床の実際．学苑社．

渡邉正人・後藤裕幸

コラム 2

1. 毎日が教材作り

　感覚と運動の高次化理論構築に向けて、宇佐川氏やスタッフ、学生の皆さんと一緒に、毎日のように教材・教具を作ってきました。特に、宇佐川氏からは人間理解型発達臨床的視点、質的・量的ステップ、ステップ可変などが可能となる教材・教具をつくる、という熱いオーダーを受けてきました。木工やアクリル、電子機器などを活用できるよう、ホームセンターや東京秋葉原などを頻繁に回った頃を懐かしく思い出します。宇佐川氏の本に、筆者が作った教材・教具が数多くある図を見て、よく頑張ったと思ったりもします。

　その後、筆者は教材・教具作りの専門性をさらに高めるために、岐阜県にある職業能力開発校にて木工技術の奥深さを学びました。そして、長野県の諏訪にて障害児・者一人ひとりに合った木製の座位保持椅子などを作ってきました。

2. 大分でのおもちゃ、教材作り

　諏訪から家族が住む大分に戻り、大分ゆたかの会にて木工を中心とした作業活動を利用者さんと行いました。大分ゆたかの会は、主に心にハンディをもつ人たちが作業活動を通して社会的、精神的自立を目指す就労継続支援B型事業所です。利用者さんが活動しやすいように補助具などを準備して、一緒に作ったおもちゃを紹介します。このおもちゃは、感覚と運動の高次化理論で培った教材・教具作りと共通するところが多くあります。今後の皆さんの教材・教具作りのヒントになれば幸いです。

　大分ゆたかの会にて作成した教材・教具を次ページで紹介します。

第Ⅲ部　宇佐川浩氏とのかかわり・エピソードからみた発達支援

後藤裕幸

第12章
発達支援全般からみた臨床場面の取り組みとエピソード

1 在籍していた頃の研究所のシステム

　筆者が研究所で勉強をさせていただいた期間は1983年から1989年の6年間（社会福祉実習としての2年間と、その後の4年間）でした。感覚と運動の高次化と自我形成の理論構築という場と社会福祉実習という学生に対しての臨床訓練という場などの位置づけのある研究所ですが、筆者が在籍していた頃のシステムを簡単に紹介したいと思います。

(1) 理論形成としての研究所

　筆者が在籍していた時、研究所の理論は発達論的視点を重視しはじめた時期（宇佐川，2007）で、前期の感覚運動アプローチを意識した時期にも重なっていました。
　理論的も中島昭美先生はじめ、Ayres、Kephart、Piagetらの発達理論と療法（後にWallonの発達論も加味されましたが）が感覚運動アプローチの背景にあったと思われます。教材もMontessoriの教具などを改良しステップ可変型教材として学会での発表と非常に精力的に動かれた時期でもありました。
　また、遊戯療法はAxline、Moustakasの方法論では研究所に通っている子どもにはなかなか適用できずセラプレイも後に参考にしていました。今でこそ教授法というと個別学習でのセラピストの成長について語られることが多いですが、筆者が学生だった頃は遊戯療法場面におけるビギナーとエキスパートのかかわり方の研究（かかわり研究と言われていましたが）が主で、諸先輩方、同期の学生もかかわり研究で卒業論文を執筆している方もいました。
　また、この頃の研究所の理論として「行動の目的指向性」という概念があり、発達基軸として対人・情緒、認識系、行動の目的志向性の3つの基軸で考えられており、それぞれの基軸がバランス良く援助されていくこと、それぞれの基軸の相関は高いと述べられています。

特に、行動目的志向性については「この発達基軸は、通常あまり問題にされることは少ないようであるが、我々は臨床場面でぜひとも捉えておかなければならない視点と考えている。というのは、認知的には発達していても、あるいは対人情緒の面では高い段階にあっても、課題意識が見られなかったり、自由場面での自発性能動性に乏しい子どもにしばしば遭遇するからである」（宇佐川, 1984）と述べられており、既に自我形成の段階を考えられていたことの一端がうかがわれます。

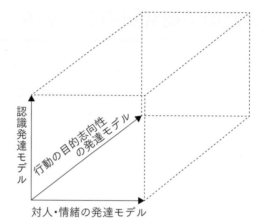

図 12-1　治療教育における発達基軸（宇佐川, 1984）

（2）学生育成としての研究所

当時の臨床システムは子ども1人に4年生の学生1名が中心となり、3年生の学生2名の計3人チームで行っていました。子どもも週3回通っており（例外的に週2回、または学齢児に対して週1回の外来としての臨床）、遊戯療法（関係療法）、音楽療法（のちの聴知覚運動療法）、モンテッソーリ法（のちの視知覚運動療法）、粗大運動を行っていた時期でもありました。また、研究所外での行事も日帰りで（当時）仁戸名厚生年金センター（筆者が3年時の時が最後の行事でした）、宿泊で九十九里センターでの2泊3日の合宿を行っていました。

先生方（宇佐川先生、石井先生、後藤先生）は個別の担当をもっていらっしゃいましたが、学生が担当されている子どもは特定の担当はせずスーパーバイズ的な役割でした（後にそれぞれ担当をもつことになりました）。

筆者が3年の時は毎週土曜日のカンファレンスで、前期は宇佐川先生の理論の紹介、後期は研究所に通っている子どものカンファレンスを行っていました。特に、前期の先

第12章　発達支援全般からみた臨床場面の取り組みとエピソード

生の理論紹介ではチャート（診断モデル）が毎週のように変わるなど、試行錯誤が続いていた時期でもあり、先生はよく「今までやってきたことが成熟しはじめた」とよく言われており、また、「この理論は、いつか障害児教育を変えていく」とおっしゃっていたことが思い出されます。先生の理論の講義は翌年度初めて大学の授業のカリキュラムに取り入れられ「障害児心理特講」としてその後、障害児臨床心理学として講義をされることになりました。そのため、カンファレンスでの先生の講義はそちらに代わり、それ以降は年度当初から通っている子どものカンファレンスになりました。

また、毎週水曜日は4年生を対象としたケースカンファレンスを実施しました。先生の理論構築、学生の卒業論文作成のための場としてより先鋭的な内容を行っていました。

筆者が卒業後も研究所に出入りするようになった頃から若干システムが変更されました。1点は臨床訓練システム（いわゆる教授法）に特化した研究です。4年時の学生2名を対象に個別学習でのビギナー同士で教授場面を比較検討しました。いわゆる臨床センスなどを含めた個別の研究会でした。

もう1点はカンファレンス含めた体制の変更です。前述したように、先生方は学生のチームに対しては特に担当をもっていませんでしたが、それぞれにチームに石井先生、後藤先生がより直接的にスーパーバイズとしてかかわりました。それに伴い、カンファレンスも必ず新しい教材を作成し検討をするという、両先生方にはご苦労をかけた時期でもありました。

さらに、筆者が中心となり自由参加でしたが勉強会を実施しました。輪読会、カンファレンスなどを行いました。テキストは先生が執筆された『感覚と運動の初期発達と療育―手先の発達指導を中心として―』（全国心身障害児福祉財団）、『子どもの生活世界の始まり』（浜田寿美男、ミネルヴァ書房）、『ことばのまえのことば』（やまだようこ、新曜社）などを使いました。

2　臨床センスとは

先生は常々臨床センスということをよく話されていました。「診断と治療方法が一体的に行なわれ、教材教具と教授法の両輪を進めていかないとならない。そのためには臨床センスを常日頃から磨いていかないとならない」とよくおっしゃっていました。

筆者の先輩で、個別学習場面でその日使う教材を後ろに並べ、カンペを用意しましたが、ちょっとした子どものイレギュラーな出来事に右往左往して、セッションが成り立

たなかったことがありました。

　また、先生と筆者でチームを組んだ子どもとのかかわりも筆者の下手な臨床で、子どもが（筆者も）戸惑ったときは、先生から「はい、交代」のひとことで代わったことも数知れません。リアルタイムで教授法の指導を受けていました。

　アセスメントから評価をPDCAサイクルに例えられて説明されることは多いですが、目の前のセッションの場面では様々なイレギュラーな出来事が発生します。アセスメント－仮説－支援・教材はつながってはいますが、一本道ではなく、アセスメント－仮説が立ったとしてもその通り臨床が進むわけではありません。当時は臨機応変ということばで語られていましたが、今にして思えばOODAループが求められていたのではないかと感じます。

　OODAループとはObserve（観察）・Orient（状況判断）・Decide（意思決定）・Act（実行）の頭文字4つで構成されています。PDCAサイクルとは異なりOODAループは、観察をスタート地点とした時、適切な観点をもつことや、子どもの様子を分析し最適な意思決定を導くために重要となります。いわゆる臨床センスとはメタ認知能力と気づきが求められ、PDCAサイクルを基本にしながら現場ではその場その場で観察力が求められているのではないでしょうか？

3　子どもの支援にかかわる側として

　教える教えられるという関係は一方的なものではありません。第7章でもふれましたが、支援はティーチではなく、コーチではないでしょうか。支援者（セラピスト）も子どもと共に成長する存在です。だから、教授法という考え方が出てきたと思っています。

　障害児者への支援で大切なものはいくつかあります。基本的な枠組みとしての①障害児の理解、②教材・教具、③かかわり方、④発達臨床類型。言い換えれば、感覚と運動の高次化に基づいた理論の理解、すなわち、構造性・全体性・意味性・可能性による人間理解。実践レベルでの教材論、教授法ということでしょうか。

　そのような中、筆者が研究所を卒業し、施設職員としてこだわり続けた事の1つに自己覚知があります。筆者がそもそも研究所での実習を選択した理由の1つとして通常の社会福祉実習とは違い、年間を通して1人の子どもとかかわることができたということです。また、研究所で勉強し続けることができた原動力としてかかわり研究を通して自己覚知を求められたことがあげられます。

「子どもとかかわることを通して自身を振り返る」。もちろん常に考えたわけではなく、「我思う故に我あり」ではなく、「我時々思う。故に我あり」といったところでしょうか。自身のアイデンティティを見失いそうなことは（よく先生は理論構築などに行き詰まった時「俺はアイデンティティクライシス」だとおっしゃっていましたが）いつもあり、いつも危機的な状況ですが、そんな時は研究所で学んできたかかわり研究を思い出します。

4　自明なことが果たして自明か（1986年12月16日障害児臨床心理学にて）

　最後に、先生の講義で印象に残った講義を紹介します（年度毎の講義によって若干言い回しが変わっているかもしれません）。

　自明なことが果たして〈自明〉か。
　「できない」から「できる」へ、「悪い行動」から「良い行動」へ、「異常・不適応」から「正常・適応」へという臨床上自明とされている視点は、果たして〈自明〉なものであろうか。
　心理・教育・保育・福祉・臨床家は、〈自明〉として見過ごしてしまっている事象をもっと深く問い直す作業から再出発しなければならないのではないか。
　つまり、人間を相手にする臨床家は、単なる技術の向上を超えて、常識性にどっぷりとつかった〈みずからの視点のいたらなさ〉を、クライエントの〈合理的原則的な生き様〉から深く深く学ばなければならないのではないか。
　そうした作業を通して始めて、日常我々が忘れ気づいていない〈人間にとって最も大切で本質的な視点〉を学び成長させていくことが可能になるのではないか。
　ともすると、又我々臨床家も強者・健常者の論理にすっかり支配されてしまっている、自分の姿に気づけないことがある事を十分自覚していきたいものである。

文献
足立叡（1996）臨床社会福祉学の基礎研究第2版．学文社．
藤原稜三（1993）守破離の思想．株式会社ベースボール・マガジン社．
井伊直弼（2010）茶湯一会集．岩波文庫．
生田久美子（1987）「わざ」から知る．東京大学出版会．
木村敏（2017）臨床哲学の知．言視舎．

第Ⅲ部　宇佐川浩氏とのかかわり・エピソードからみた発達支援

宮本真巳（1995）感性を磨く技法2　「異和感」と援助者アイデンティティ．日本看護協会．
宮崎清孝・上野直樹（1985）視点．東京大学出版会．
荻野恒一（1988）現象学と精神科学．世界書院．
霜山德爾（2001）現存在分析と現象学．霜山德爾著作集3．学樹書院．
宇佐川浩（1984）知能障害児の言語・概念療法―認知診断システムと治療プログラム―．臨床教育福祉研究，2，33-60．
宇佐川浩（1986）感覚と運動の初期発達と療育―手先の発達指導を中心として―．全国心身障害児福祉財団．
宇佐川浩（1998）障害児の発達臨床とその課題―感覚と運動の高次化からみた子ども理解．学苑社．
和氣伸吉（2019）希望の介護モンテッソーリケア．幻冬舎．
吉田章宏（1977）授業を研究する前に．明治図書．
吉田章宏（1987）学ぶと教える．海鳴社．

　　　　　　　　　　　　　　　　　　　　　　　　　　　　　　　　　　　　森田敬蔵

宇佐川浩先生からのメッセージ

　宇佐川浩先生は、病気療養のため2012年（平成24）まで休職中でした。2010年10月に亡くなられる直前の夏頃に宇佐川浩先生がご家族をはじめ学生、卒業生、研修生などに向けてメッセージを書かれました。そのメッセージを原文で紹介します。

　覚悟を決めたと思われる際に書かれた心温まる、そして熱いメッセージ、宇佐川先生の生き様を亡くなられた今も学ばせていただいております。

　大変貴重な手紙をご提供くださいました宇佐川浩先生のご家族の皆様、心より感謝、御礼を申し上げます。

感謝と御礼

宇佐川　浩

　皆様の無限のお力添えによって、臨床家としても大学人としても家族としても、楽しく輝き続けられたことを感謝申し上げます。

　障害乳幼児期の発達臨床の専門家として、大学内の研究施設を最大限活用できたこと。大量の教具開発、音楽療法の活用、発達診断システムの開発、どれをとっても淑徳ならでは実現可能な仕事であり、そのことでおおきな達成感を遂げることができました。障害の重い難しいといわれている子どもたちと毎週立ち会いながら、彼らがもつ輝かしい世界を垣間見ることができ、着実な療育観や発達観を構築することができました。恩師霜山徳爾先生がしめされた「一生涯の伴侶としてのクライエント」という立場は、わたくしにとってもほんとうに納得のいくものでした。

　わたくしのもとで発達臨床を直接学んだ学生たちも、実に幅広い活動を展開してくれています。障害児福祉や障害児保育や障害児教育、音楽療法の専門家として活躍されている方も多くいて。学会でもみんなと出会い一緒に飲めるということが楽しみでした。臨床家として共に生き続けるという意味では感謝です。

　家庭を築くということも、私の成長にとっては重要でした。配偶者との出会いと子どもを授かり子育てに邁進できたこと、そして孫の出現も、大変楽しい体験を、いっぱいしました。人に寄り添う、人と共存、共生するという原点はやはり家族にあるとおもいました。これまた大きな感謝です。

おわりに

　宇佐川浩先生との出会いから、半世紀の時が流れたことに感慨深い思いがあります。
　先生が淑徳大学において障害幼児に対する臨床活動と研究に携われた早い時期に思いを話してくれたことがあります。「翻訳された理論や検査法から学ぶこともあるが、日本語による理論と診断法を作りたい」「障害名や障害の程度からみるのではなく、一人ひとりの発達を丁寧にみて理解する方策を考えたい」と語っておられた姿が浮かびます。
　それから40年近い臨床活動と研究活動から独自の理論とそれに融合させた教材教具を提唱されました。また学生の臨床訓練のありかたにも尽力され、先生の教えを学んだ学生が全国に巣立っていきました。ケース検討会の資料作成や教材教具の製作に徹夜した日々が懐かしく思い出されます。

　本書は生涯発達支援という考え方のもとに、執筆の先生方には実践を通して論述していただきました。先生方から、貴重な示唆を賜りましたことに感謝いたしております。
　また、大分ゆたかの会で製作された玩具の写真掲載について、快諾いただきました。大分ゆたかの会の後藤裕幸氏・仁部屋陽子氏・職員の皆様にお礼申し上げます。

　感覚と運動の高次化理論の視点が、教育支援や福祉支援に携わる方々において、少しでも活用意義を見いだしていただけたなら嬉しい限りです。この研究は、緒についたばかりであり、荒削りであることは否めません。今後、検討を重ねて内容を深めていく所存でございます。ご指導ご鞭撻のほど、よろしくお願い申し上げます。

　この本を手にしていただいた皆様には、理論の草創期に携わった宇佐川浩、石井みや子、後藤裕幸の三羽カラスから〈前に向かって〉〈体を育て 心を育て 技を育てる〉〈良い旅を〉のことばを受けていただければ幸いです。

　末尾になりますが、学苑社の杉本哲也氏には本書の企画から出版に至るまでお世話になりましたことに感謝申し上げます。

石井みや子

執筆者紹介

渡邉　正人（わたなべ・まさと）【編集、はじめに、序章、第5章、第11章共】
鳥取大学地域学部地域学科人間形成コース准教授

石井　みや子（いしい・みやこ）【編集、第10章、コラム1、おわりに】
元淑徳大学発達臨床研究センター

星　茂行（ほし・しげゆき）【第1章】
ほし発達支援オフィス

関口　薫（せきぐち・かおる）【第2章】
白井市こども発達センター

高畑　和子（たかはた・かずこ）【第3章】
元千葉県立特別支援学校

渡邉　久美（わたなべ・くみ）【第4章1】
千葉県立船橋夏見特別支援学校

佐川　千栄（さがわ・ちえ）【第4章2】
千葉県立矢切特別支援学校

阿部　秀樹（あべ・ひでき）【第6章】
元淑徳大学発達臨床研究センター

森田　敬蔵（もりた・けいぞう）【第7章、第12章】
Alfagiaグループ標準化推進室システム・デバイス保守
社会福祉法人円融会　障害福祉サービス事業所ナーシングピア子母口

堀川　聖子（ほりかわ・みなこ）【第8章】
オーダーメイト合同会社　ひかりサポート

舩越　知行（ふなこし・ともゆき）【第9章】
目白大学名誉教授

後藤　裕幸（ごとう・ひろゆき）【第11章共、コラム2】
元淑徳大学発達臨床研究センター

装丁　冨澤　崇

感覚と運動の高次化理論からみた生涯発達支援
将来を見据えた発達的視点

2025年4月30日　初版第1刷発行

　　　　　　　　編著者　渡邉正人・石井みや子
　　　　　　　　発行者　杉本哲也
　　　　　　　　発行所　株式会社　学苑社
　　　　　　　　東京都千代田区富士見2-10-2
　　　　　　　　電話　　03（3263）3817
　　　　　　　　FAX　　03（3263）2410
　　　　　　　　振替　　00100-7-177379
　　　　　　　　印刷・製本　藤原印刷株式会社

検印省略　　　　　　　　乱丁落丁はお取り替えいたします。
　　　　　　　　　　　　定価はカバーに表示してあります。

ISBN978-4-7614-0864-0 C3037　　©2025 Printed in Japan